加快建设制造强国、质量强国、航天强国、交通强国、网络强国、数字中国。

摘自习近平总书记在中国共产党第二十次全国代表大会上所作的报告

"塑造数字中国"丛书

江小涓 总主编 / 王满传 执行主编

走进数字经济

Towards the Digital Economy

周 民 王晓冬◎著

图书在版编目（CIP）数据

走进数字经济/周民，王晓冬著．—北京：国家行政学院出版社，2023．1（2023．5 重印）

（塑造数字中国/江小涓主编）

ISBN 978-7-5150-2714-2

Ⅰ．①走…　Ⅱ．①周…　②王…　Ⅲ．①信息经济—研究—中国　Ⅳ．①F492

中国版本图书馆 CIP 数据核字（2022）第 172318 号

书　　名　走进数字经济
ZOUJIN SHUZI JINGJI
作　　者　周　民　王晓冬　著
统筹策划　王　莹
责任编辑　王　莹　马文涛
出版发行　国家行政学院出版社
（北京市海淀区长春桥路 6 号　100089）
综 合 办　（010）68928887
发 行 部　（010）68928866
经　　销　新华书店
印　　刷　北京九州迅驰传媒文化有限公司
版　　次　2023 年 1 月北京第 1 版
印　　次　2023 年 5 月北京第 2 次印刷
开　　本　170 毫米×240 毫米　16 开
印　　张　14．5
字　　数　182 千字
定　　价　55．00 元

本书如有印装问题，可联系调换，联系电话：（010）68929022

“塑造数字中国” 丛书编委会

总序 PREFACE

加快数字化转型
建设数字中国

当下，数字化转型正在席卷全球。习近平总书记指出，数字技术正以新理念、新业态、新模式全面融入人类经济、政治、文化、社会、生态文明建设各领域和全过程，给人类生产生活带来广泛而深刻的影响。党和国家高度重视这一轮科技革命带来的重大机遇，始终坚持以人民为中心的发展思想，引导实施网络强国、大数据发展、数字中国建设等重大战略，推动我国经济社会发展紧跟时代科技发展趋势，不断迈上新台阶。

数字中国建设是一个顶层设计、全局定位、立体构建、多元驱动的发展任务，是数字技术在国家发展和国家治理各领域的嵌入和赋能，需要政府、市场和社会各个方面的共同努力，需要理解国内外最新变化和发展趋势，需要看到各个领域数字化转型面临的困难和调整，更需要把握好数字化建设带来的机遇和数字化转型的方向和节奏，探索和创新具有中国特色的数字化转型之路。

为了从理论、实践、政策三个层面更好地阐述数字中国，我们参照“十四五”规划中关于数字中国建设的任务部署，编写了“塑造数字中国”丛书，分设《走进数字经济》《走进数字社会》《走进数字政府》《走进数字生态》四册。《走进数字经济》立足“十四五”时期以及2035年重要时间节点，结合党中央、国务院关于数字经济各项要求，从“理论篇”、“实践篇”和“技术篇”阐述数字经济发展的中国之道，探讨打造数字经济新蓝海，推动数字经济成为我国经济的“半壁江山”和主要增长点。《走进数字社会》重点探索数字时代背景下优化社会服务供给、创新社会治理方式的改革新思路，阐述智慧城市、数字乡村、数字生活、数字公民的发展新模式。《走进数字政府》立足以数字化改革助力政府职能转变，塑造数字政府新形态，探讨打造泛在可及、智慧便捷、公平普惠的数字化服务体系，让百姓少跑腿、数据多跑路，真正高质量满足人民对美好生活的向往。《走进数字生态》聚焦数字技术创新赋能、建立健全数据要素市场规则、营造规范有序的政策环境、强化网络安全防护、构建网络命运共同体等核心议题，突出重点，梳理思路，破解难题。

数字中国建设没有成熟的经验和模式可以模仿照搬，没有清晰的设计和蓝图可以即插即用。本丛书立足中国全域数字化改革的多样化实践，借鉴国际有益经验，全面梳理和总结经济、社会、政府数字化转型的实践创新和研究成果，展示数字中国建设各个领域的发展成就和未来前景，为我们认识中国当下正在进行的数字化转型的伟大实践提供有益的参考。希望著者们的努力能够见到成效，助力数字中国建设顺利前行。

江小涓

前　言

当前，新一轮科技革命和产业变革正在加速驱动人类社会由工业文明向信息文明演进。数字经济作为继农业经济和工业经济之后的新型经济形态，正在全面重塑国际经济格局和人类生产生活方式。尤其是2020年新冠肺炎疫情暴发以来，在线购物、云上办公、无人车间、在线课堂等新模式新业态不断涌现，成为保障人们基本生产生活秩序的“线上方舟”。部分数字化领军企业更是化危为机实现了蝶变重生，树立起了数字经济的创新标杆。无意之间，新冠肺炎疫情发挥了历史扳道工的作用，倒逼各行业加速数字化转型，数字经济正在全面加快走进经济社会发展的各个领域。

党中央、国务院高度重视数字经济发展。党的十八大以来，中央政治局多次围绕大数据、人工智能、区块链、量子信息等数字技术开展集体学习。2021年10月18日，习近平总书记在主持十九届中共中央政治局第三十四次集体学习时强调，要站在统筹中华民族伟大复兴战略全局和世界百年未有之大变局的高度，统筹国内国际两个大局、发展安全两件大事，充分发挥海量数据和丰富应用场景优势，促进数字技术与实体经济深度融合，赋能传统产业转型升级，催生新产业新业态新模式，不断做强做优做大我国数字经济。这为我们认识数字经济、发展数字经济、拥抱数字经济提供了根本遵循。

刚刚胜利闭幕的党的二十大对全面建设社会主义现代化国家作出了战略部署，明确提出要“加快发展数字经济，促进数字经济和实体经济深度融合，打造具有国际竞争力的数字产业集群”。在以中国式现代化推进中华民族伟大复兴的新征程上，充分发挥数字经济特有的要素共享、设施共融、产业共赢、生态共生的显著特征和放大、倍增、叠加的显著优势，可以更广泛地让亿万大众享受数字化红利，更高质量实现全体人民共同富裕，更好统筹物质文明和精神文明协调发展，更高水平构建人与自然和谐共生的发展模式。大力发展数字经济，无疑成为建设中国式现代化的重要创新源泉之一。

目前，我国数字经济发展已经取得较大进展，从 2012 年至 2021 年，中国数字经济规模从 11 万亿元增长到 45. 5 万亿元，已连续数年稳居世界第二，成为推动经济社会高质量发展的重要引擎。一些地区和企业已经在数字化转型中享受到了数字经济的创新红利，逐步构筑起了快人一步的数字化竞争新优势。数字经济还是一个包容共赢属性很强的新型经济形态，绝不仅仅是少数国家、少数地区、少数企业、少数精英的盛宴。从国家层面看，发展数字经济是抢抓信息化发展机遇、构建国家竞争力的重要依托，决定着一个国家在未来国际政治经济新格局中的位势。同时，应对逆全球化、气候变暖，促进可持续发展、绿色发展、共同富裕等很多重大问题，都需要数字化手段的支撑。从产业层面看，加快数字化转型是提高产业附加值、提升企业竞争力的重要手段，决定着企业的与时俱进、基业长青。对个人而言，数字经济改变就业、收入分配、生产生活方式，我们每个人都是数字经济的参与者，勇做数字时代的弄潮儿，会在更大的舞台上更好、更快地实现人生价值。走进数字经济、理解数字经济、拥抱数字经济成为国家、产业、个人共同面临的机遇和挑战。

数字经济总体上还是一个新生事物，还有很多基本理论、发展规律、治理模式等问题没有完全弄清楚，在平台治理、数据要素市场构建、传统产业数字化转型等方面，还处于摸着石头过河的阶段，有待政产学研各界在实践中求真知、找答案。本书从数字经济理论前沿、实践前沿、技术前沿三个视角，注重理论联系实际、解读重要政策、科普关键技术、探讨关键问题、案例启迪创新，全方位、多视角观察和分析数字经济，试图让每个地区、每个行业、每个人都能够在走进数字经济的基础上，结合自身优势找准发展路径，绘就一片属于自己的数字化新蓝图。

实践出真知。数字经济是一项实践性很强的创新活动。在坚守好安全发展底线的前提下，需要进一步解放思想、大胆创新，不被思维惯性、传统理论束缚，数字经济的诸多发展问题将在创新实践中找到答案。

打开书卷，行动起来。

目录 CONTENTS

理论篇

实践篇

理 论 篇

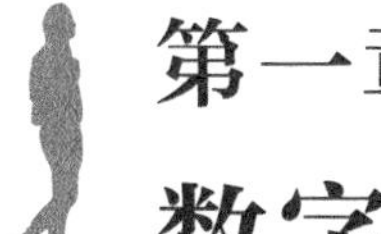

第一章

数字经济正扑面而来

我们离数字经济有多远？也许只有一块手机屏幕的距离。

今天，我们很多人在早晨睁开眼睛之后的第一件事，就是拿起手机看看最新的朋友圈或者是微博、抖音，看似漫不经心的点击和滑指，其实已经在不知不觉之中参与了数字产业化的过程：你在享受免费的信息服务的同时，也作为数据“生产者”为移动互联网应用程序（App）贡献了一份数据。不久之后，你会作为潜在消费者收到精准的商品推荐广告，和你刚刚浏览过的信息似曾相识，仿佛有一双眼睛在盯着你。这就是无处不在、如影相随的数字产业化，你的浏览行为数据，已经被默默地转化成了电商平台的数据要素。数字经济就在我们手里的小小屏幕中。据 App Annie 公司的《2022 年移动状态报告》统计，2021 年全球移动设备使用时长为 3. 8 万亿小时，我国人均每天使用手机超过 3. 3 小时。青年人使用手机的时间则更长。艾媒咨询数据显示，2021 年，中国大学生群体中有 45. 8% 的人日均使用手机时长为 3 ~6 小时，26. 4% 的人日均使用手机时长为 6 ~8 小时，日均使用手机时长在 8 小时以上的人数占比达到了 7. 3% 。据中国互联网络信息中心发布的第 49 次《中国互联网络发展状况统计报告》统计，截至 2021 年 12 月，我国网民使用手机上网的比例达 99. 7% 。越来越多的人习惯了在线社交、在线购物、在线学习、在线娱乐，仿佛世界正在浓缩到手机之中，逐渐成为被手机控制的“屏控人口”，手机须臾离手就仿佛灵魂出窍一般，而且这种趋势也不再仅仅局限于青年人，越来越多的“银发族”也加入了“屏控人口”的行列。数字经济已经全面走进我们的生活。

第一节　数字经济孕育着创新发展新机遇

数字经济的重大意义绝不仅仅只有眼前的吃喝玩乐，还有信息文明的远方。理解数字经济，还要从人类经济形态演进的视角切入，全方位认识数字经济对国家、企业、个人带来的巨大创新发展机遇。

一、发展数字经济是“国之大者”，必须从战略全局统筹推动

2018 年 4 月，习近平总书记在全国网络安全和信息化工作会议上指出，“信息化为中华民族带来了千载难逢的机遇”，这是深刻理解数字经济重大发展机遇的重要出发点。回顾历史，在农业经济时期，中华民族“一骑绝尘”领先世界数千年，站在了农业文明的顶峰。据英国学者测算，1840 年之前，我国 GDP 占全球 30%，而英国同期是 6%，尽管也有学者对这一数据的准确性持不同意见，但是我国在农业经济时期的全球领先位置是毋庸置疑的。18 世纪以来，英国、德国、美国、日本等国家正是抓住了工业革命的风口陆续实现了国家的崛起，而我国由于错失工业革命重大发展机遇，长期处于被动挨打的局面。新中国成立以来，我国在工业经济时期“一路追赶”，逐步改变了落后挨打的局面，但是总体仍然处于全球产业链的下游。当前，新一轮科技革命和产业变革扑面而来，我国数字经济发展同世界发达国家处于“并跑”的新阶段。同历次科技革命由单一技术、少数技术驱动不同，此轮科技革命是数字技术同生物技术、新材料技术等深度融合之后的集群式、互促式大创新，其迸发的创新活力会大大超出历次科技

革命，将人类科技文明带入一个新的高度，也为实现伟大复兴中国梦提供了绝佳的重大发展机遇。如表 1－1 所示。

表 1－1　科技革命对比

	第一次科技革命	第二次科技革命	第三次科技革命	第四次科技革命
年代跨度	1760—1840 年	1870—1910 年	1940—1990 年	21 世纪以来
核心技术	蒸汽机	电力、内燃机	电子计算机、原子能、空间技术和生物工程等	互联网、人工智能、区块链、工业互联网、量子信息、生物技术、新材料等
生产方式	机器大生产取代手工作坊，开启工业文明时代	科学与技术相互促进，工业经济加速发展	科学技术体系日益完成，科技成为第一生产力。信息经济初露端倪	数据成为新生产要素，数字经济蓬勃发展
产业结构	农业占比出现下降拐点，工业占比逐步提升，轻工业加速发展	科技发展催生重工业，工业经济逐渐成为主导	第三产业占比迅速提升	数字产业化和产业数字化大发展
创新方式	单一创新：单一技术取得突破，催生工业经济	多元创新：多领域技术取得突破，加速工业经济发展，数字经济开始萌芽。但是各类技术之间关联性弱		融合创新：技术创新突破多点开花，以数据为核心形成融合创新趋势，形成更加强劲的创新动能
世界格局	英国崛起，率先完成工业革命，很快成为世界霸主、“日不落帝国”	德国、美国崛起，挑战英国霸主地位；日本逐步成为世界列强之一	美国主导此次科技革命，进一步巩固了全球超级大国位势	数字经济将重塑全球政治经济格局

大力发展数字经济，有利于充分发挥数字技术的创新作用，重组全球要素资源、重塑全球经济结构、重构全球竞争格局，促进数字技术与实体经济深度融合，赋能传统产业转型升级，催生新产业新业态新模式，是助力实现中华民族伟大复兴中国梦的必答题，具有重大战略意义。一是推动构建新发展格局。构建新发展格局的重要任务是增强经济发展动

能、畅通经济循环。数字技术、数字经济可以推动各类资源要素快捷流动、各类市场主体加速融合，帮助市场主体重构组织模式，实现跨界发展，打破时空限制，延伸产业链条，畅通国内外经济循环。二是推动建设现代化经济体系。数据作为新型生产要素，对传统生产方式变革具有重大影响。数字经济具有高创新性、强渗透性、广覆盖性，不仅是新的经济增长点，而且是改造提升传统产业的支点，可以成为构建现代化经济体系的重要引擎。三是推动构筑国家竞争新优势。当今时代，数字技术、数字经济是世界科技革命和产业变革的先机，是新一轮国际竞争重点领域，我们一定要抓住先机、抢占未来发展制高点。发展数字经济能解决一系列重大治理问题，如促进共同富裕、实现低碳发展、促进区域均衡发展等。

二、融入数字经济是“企之要事”，必须从产业全链加快转型

企业是数字经济的组成细胞，对于发展数字经济具有关键支撑作用。在疫情倒逼下，千行百业纷纷认识到了数字化转型的极端重要性，加快融入数字经济发展。一是化危为机的需要。新冠肺炎疫情暴发以来，众多行业遭受重创，面临着停工停产、资金紧张、市场萎缩、逆全球化等诸多挑战，商业行为场景完全改变，所熟悉的产业链供应链不同程度地被打乱甚至中断。几乎所有的行业和企业都面临着如何利用数字化手段调整生产经营方式，重构产业链供应链，协同上下游共渡难关的问题，通畅的数字世界成为隔离的物理世界的“避风港”。在新冠肺炎疫情冲击下，表现好的企业都和数字化能力强有关。一些企业大力建设无人车间、智能工厂，通过数字技术重塑消费场景和零售渠道，重构供应链、产业链和价值链，实现了化危为机的华丽转身，智慧医疗、在线教育、远程办公、直播带货等新

业态实现了指数级快速发展。二是走出“微笑曲线”的需要。我国是制造业大国，是全球少数几个具备全部工业门类的国家，但是还不是制造强国，一些行业还存在依赖人口红利的情况。以手机行业为例。全球主要的苹果手机代工企业多在我国大陆地区，严格来说，苹果公司并不生产手机，苹果公司只是在研究手机、研发手机。因为掌握核心技术、掌握产业生态，所以苹果公司能获得最高的市场利润，成为世界上最成功的公司之一。市场调研机构 Counterpoint 的统计数据显示，苹果公司是 2021 年智能手机收入最高的厂商，达到 1960 亿美元，超过了四大手机厂商之和，市场占比高达 44%。但是我国的苹果手机代工企业每生产一部苹果手机，仅能够获得 1.8% 的利润。只有抓住数字经济发展机遇，增加生产附加值，才能走出“微笑曲线”的底端，实现价值链的提升。三是应对市场竞争的需要。加速企业数字化转型是顺应时代发展的必然要求，也是应对激烈市场竞争的客观需要。企业数字化转型，如逆水行舟，“不转则退”。通过数字化转型，可以帮助企业不断创造新的管理模式、新的业务模式、新的产品市场，构建一个富有活力的数字化商业模式，实现智能管理、柔性生产、精准营销，捕获新的市场机会，构建新的商业模式，把传统的“制造能力”转化为“智造能力 + 生态能力 + 创新能力”的数字化能力体系，在市场竞争中占得发展先机，在数字经济时代站稳脚跟。

数字化正成为企业发展壮大的新赛道，数字企业正逐渐成为全球商业领域的主导力量之一。根据普华永道（PwC）“2021 全球市值 100 强上市公司”排行榜（Global top 100 companies 2021）显示，全球市值 100 强中，有 20 家是科技企业，鉴于金融企业（14 家）已经是高度信息化的行业，电信企业（7 家）属于数字产业化范畴，则有 41 家企业和数字技术高度相关。如表 1－2 所示。苹果公司市值居全球之首，美国进入前五名的公司还包括微软、亚马逊和谷歌的母公司 Alphabet。我国的腾讯和阿里巴巴进入十强。这说明数字化是企业做大做强做优的重要驱动力量。

表 1－2　2021 年全球上市公司 100 强行业分布

序号	所属行业	企业数量/个	市值/亿美元
1	科技企业	20	104830
2	非消费必需品企业	17	5992
3	金融企业	14	34290
4	医疗保健企业	16	33330
5	能源企业	5	26860
6	消费必需品企业	9	20350
7	工业企业	9	20170
8	电信企业	7	13080
9	基础材料企业	2	3090
10	公用事业企业	1	1480

三、拥抱数字经济是“人之大幸”，必须从思想深处紧随时代

人是数字经济创新最活跃的因素，也是发展数字经济的根本目的所在。身处数字经济时代是人生的幸事，也为全面实现人生价值提供机遇。提升数字化素养和技能、拥抱数字经济成为每一个人的必修课。一是提高工作生活的品质。人们可以足不出户在线购物、在线学习、在线娱乐，召开视频会议免去舟车劳顿，对多数人而言这是利好。二是促进人的全面发展。数字经济时代，数字技术拉近了城市与乡村的距离。数字经济时代下，打开屏幕就可以连接全球，获取海量规模的信息、数据、知识，人们的数字素养普遍提升。三是提供更多的创业和就业机会。数字经济为每个有梦想的人提供了施展的舞台。数字经济也带来了新的就业机会，涌现出了人工智能训练师等新职业。此外数字经济还为个体自由就业提供了便利，只要

有一技之长就能依托数字平台找到自己施展才华的空间，甚至可以成为来去自由的“斜杠青年”。越来越多的人不再被固定的工作岗位束缚。四是提供实现人生价值的大舞台。数字经济会不断激发个人围绕量子信息、云计算、人工智能、区块链等数字技术创新创业，数字经济的创新倍增叠加效应也同样适用于人生价值的实现。21 世纪以来，数字经济领域不断涌现出创业精英，凭借智慧、技术和知识改变一个行业和产业。数字经济正成为有志之士创新创业最活跃的领域之一。

第二节　我国对发展数字经济作出新部署

数字经济是综合运用各类数字技术创新的产物。广义理解，各类数字技术的专项政策规划都属于数字经济战略的有机组成部分。近年来，我国密集出台了一系列与数字化相关的政策文件，成为推动发展数字经济的有机组成部分，逐步形成了包括数字经济发展战略纲要、数字经济专项规划、数字技术专项规划等在内的数字经济政策规划体系。

一、数字技术走进“最高学堂”

党的十八大以来，中央政治局多次围绕大数据、人工智能、区块链、量子计算等数字技术和数字经济进行集体学习（如图 1－1 所示），习近平总书记对如何发展数字技术、发展数字经济提出了一系列重大科学论断，也为形成数字经济战略和数字经济规划指明了方向。

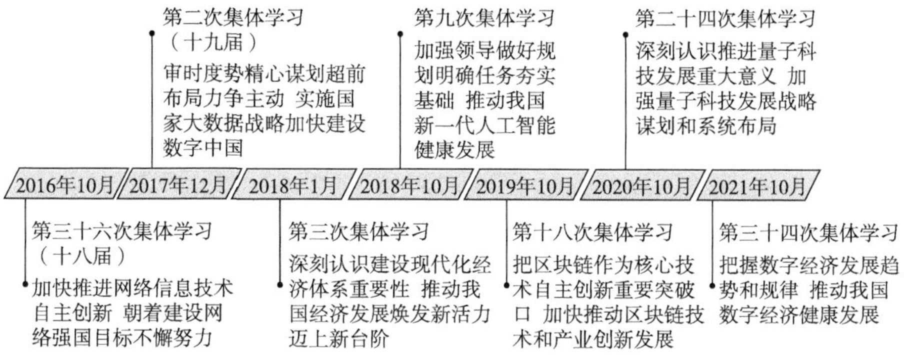

2016年10月 | 2017年12月 | 2018年1月 | 2018年10月 | 2019年10月 | 2020年10月 | 2021年10月

2016年10月：第三十六次集体学习（十八届）加快推进网络信息技术自主创新 朝着建设网络强国目标不懈努力

2017年12月：第二次集体学习（十九届）审时度势精心谋划超前布局力争主动 实施国家大数据战略加快建设数字中国

2018年1月：第三次集体学习 深刻认识建设现代化经济体系重要性 推动我国经济发展焕发新活力迈上新台阶

2018年10月：第九次集体学习 加强领导做好规划明确任务夯实基础 推动我国新一代人工智能健康发展

2019年10月：第十八次集体学习 把区块链作为核心技术自主创新重要突破口 加快推动区块链技术和产业创新发展

2020年10月：第二十四次集体学习 深刻认识推进量子科技发展重大意义 加强量子科技发展战略谋划和系统布局

2021年10月：第三十四次集体学习 把握数字经济发展趋势和规律 推动我国数字经济健康发展

图 1－1　中央政治局集体学习数字技术和数字经济

2016 年 10 月，十八届中央政治局第三十六次集体学习时强调，以信息化培育新动能，用新动能推动新发展。要加大投入，加强信息基础设施建设，推动互联网和实体经济深度融合，加快传统产业数字化、智能化，做大做强数字经济，拓展经济发展新空间。2017 年 12 月，十九届中央政治局第二次集体学习时强调，要加快建设数字中国，构建以数据为关键要素的数字经济，推动实体经济和数字经济融合发展；要发挥数据的基础资源作用和创新引擎作用，加快形成以创新为主要引领和支撑的数字经济，推动实体经济和数字经济融合发展。2018 年 1 月，第三次集体学习时强调，要加快发展先进制造业，推动互联网、大数据、人工智能同实体经济深度融合，推动资源要素向实体经济集聚、政策措施向实体经济倾斜、工作力量向实体经济加强，营造脚踏实地、勤劳创业、实业致富的发展环境和社会氛围。2018 年 10 月，第九次集体学习时强调，要围绕建设现代化经济体系，以供给侧结构性改革为主线，把握数字化、网络化、智能化融合发展契机，在质量变革、效率变革、动力变革中发挥人工智能作用，提高全要素生产率。2019 年 10 月，第十八次集体学习时强调，要加快推动区块链技术和产业创新发展，积极推进区块链和经济社会融合发展。2020 年 10 月，第二十四次集体学习时强调，要充分认识推动量子科技发展的重要性和紧迫性，加强量子科技发展战略谋划和系统布局，把握大趋势，下好先手棋。2021 年 10 月，第三十四次集体学习时对不断做强做优做大我国数字经济提出了一系列要求。

数字技术频频走进中央政治局“最高学堂”，充分说明了党中央把握信息化发展机遇的战略敏锐性和技术创新洞察力。这些技术都是发展数字经济的通用目的技术（GPT），是构成“数字经济大厦”的关键基石，具有全局性辐射创新带动作用。中央政治局集体学习是最有力的冲锋号和动员令，会议精神迅速转化为各类政策文件和规划，有力推动了数字技术创新和数字经济发展。

>> 通用目的技术

所谓通用目的技术是指产业革命中的关键共性技术，具有多种应用场景和广阔发展空间，从初期的特定应用场景和领域扩展到各行业领域，具有溢出效应，促进生产、流通、组织方式的优化，对产业转型和经济增长发挥乘数倍增作用。数字经济时代，大数据、云计算、人工智能、区块链、5G、工业互联网、物联网是新的通用目的技术，是推进经济社会数字化转型的关键核心技术，其应用突破一定临界点后，增长速度极为迅猛，快速覆盖主流市场，无论是建设数字政府、发展数字经济、构建数字社会，都离不开这些技术的赋能作用。

二、数字技术写入政策文件

2015 年，“互联网 +”首次写入政府工作报告，要求“推动移动互联网、云计算、大数据、物联网等与现代制造业结合，促进电子商务、工业互联网和互联网金融健康发展，引导互联网企业拓展国际市场”。同年 7

月，国务院发布《关于积极推进“互联网+”行动的指导意见》，对国内11个“互联网+”产业进行了重点布局，加速了传统产业升级步伐。同年9月，国务院印发《促进大数据发展行动纲要》，提出“促进大数据发展，加快建设数据强国，释放技术红利、制度红利和创新红利，提升政府治理能力，推动经济转型升级”。党的十八届五中全会提出，实施网络强国战略和国家大数据战略，拓展网络经济空间，促进互联网和经济社会融合发展，支持基于互联网的各类创新。2017年以来，数字经济连续五年被写入政府工作报告。同年10月，党的十九大提出推动互联网、大数据、人工智能和实体经济深度融合，建设数字中国、智慧社会。2018年，我国制定了《网络强国战略实施纲要》《数字经济发展战略纲要》，部署推动数字经济发展。2020年党的十九届五中全会提出，发展数字经济，推进数字产业化和产业数字化，推动数字经济和实体经济深度融合，打造具有国际竞争力的数字产业集群。2021年，“十四五”规划和2035年远景目标纲要对“打造数字经济新优势”作出了部署，要求“充分发挥海量数据和丰富应用场景优势，促进数字技术与实体经济深度融合，赋能传统产业转型升级，催生新产业新业态新模式，壮大经济发展新引擎”。数字技术被密集写入国家重要文件之中。

中国政府网政策文件库数据显示，自2017年以来，中国政府网有304份中央文件和1219份国务院文件，其中大数据、人工智能、工业互联网等出现频率非常高，在这期间公开发布的政策文件中49.34%的中央文件、31.01%的国务院文件含有大数据相关内容。这些数据反映了数字技术正在各领域重要工作中得到应用，大数据、人工智能是需要做强的核心技术之一，高频次出现在国家的各类重要文件中，如表1-3所示。新技术含量的提升从各个方面夯实了我国数字经济的发展基础和动能。

表 1-3　重要文件涉及数字技术的比例

新技术概念	中央文件		国务院文件	
	含相应新技术内容的文件数/个	占比/%	含相应新技术内容的文件数/个	占比/%
大数据	150	49.34	378	31.01
人工智能	53	17.43	98	8.04
工业互联网	47	15.46	171	14.03
物联网	35	11.51	78	6.40
云计算	33	10.86	79	6.48
区块链	18	5.92	45	3.69
数字经济	17	5.59	24	1.97
5G	15	4.93	37	3.04

三、数字经济规划体系逐渐形成

（一）国家数字经济创新发展试验区

数字技术政策体系的日益完善促进了我国数字经济的大发展，从国家层面统筹推进数字经济的时机逐渐成熟。2019 年 10 月，《国家数字经济创新发展试验区实施方案》在第六届世界互联网大会上正式发布。创新试验区实施方案确定在河北省（雄安新区）、浙江省、福建省、广东省、重庆市、四川省 6 个地方启动国家数字经济创新发展试验区创建工作，围绕解决数字经济发展关键问题开展针对性改革试验探索，形成一批可操作、可复制、可推广的典型做法，进一步发挥示范引领和辐射带动作用，有力支撑现代化经济体系建设和经济高质量发展，提升国家治理体系和治理能力现代化水平。创新试验区实施方案为摸清数字经济发展规律、总结数字经济发展经验，全面推进数字经济发展奠定了实践基础。创新试验区实施方案的一个核心内容是提出了数字经济创新试验的“四梁八柱”（如图 1-2 所示），从数字经济的本质特征上提出了发展数字经济需要破解四个方面关键问题，抓住了数字经济发展的“牛鼻子”。

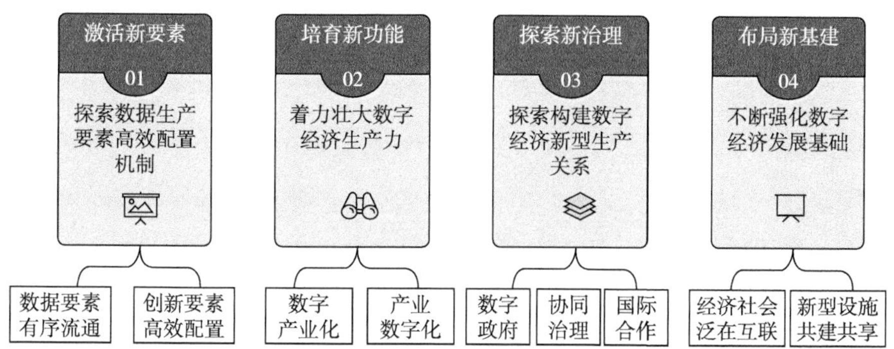

图1-2　数字经济创新试验的“四梁八柱”

一是探索数据生产要素高效配置机制。试点数据高效安全流通和应用的政策制度、机制化流程。同时推动数据要素同行业知识、核心技术等要素的融合，完善政产学研用协同创新机制，突破一批关键技术创新成果，夯实数字经济的发展基础。二是着力壮大数字经济生产力。促进互联网、大数据、人工智能与实体经济深度融合。围绕传统产业数字化转型慢、质量不高等问题，探索产业数字化和数字产业化共性支撑平台，促进大数据、区块链、人工智能等新一代信息技术集成应用，降低企业转型门槛，缩短转型周期，形成数字经济条件下的新型实体经济形态，培育发展新动能。三是探索构建数字经济新型生产关系。着力解决传统治理、监管模式无法满足数字经济发展新形势新要求的问题，加快政府数字化转型，探索多元参与的协同治理体系，包容审慎发展平台经济、共享经济新业态。积极参与国际规则和标准制定，服务一批数字经济企业“走出去”。四是不断强化数字经济发展基础。系统性布局宽带、移动互联网、数据中心以及电子证照、电子档案等平台设施建设，打造普惠泛在数字经济新型基础设施。

（二）第一部数字经济专项规划发布

数字经济创新发展试验区建设工作，总结了一批可复制、可推广的经验，为全面推进数字经济规划编制与实施奠定了坚实的基础。2022 年 1 月，国务院印发《“十四五”数字经济发展规划》，这是我国数字经济领域的首部国家级专项规划，标志着数字经济正式进入国家规划体系。该规划在深入分析我国数字经济面临形势、发展条件、发展环境的基础之上，设定了未来数字经济的发展目标，部署了数字基础设施、数据要素、产业数字化、数字产业化，数字经济治理体系、国际合作等方面的任务，提出了到 2025 年，数字经济将迈向全面扩展期，数字经济核心产业增加值占 GDP 比重达到 10% 等发展目标，还特别设定了产业数字化的发展目标，即工业互联网平台应用普及率达到 45%，为数字技术赋能实体经济提出了明确的目标要求。到 2035 年，我国数字经济迈向繁荣成熟期。《“十四五”数字经济发展规划》核心内容如图 1 –3 所示。

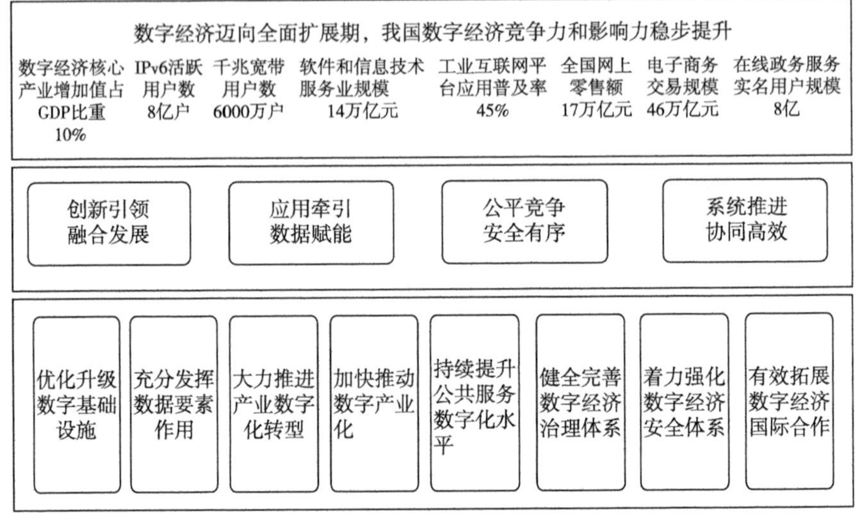

图 1 –3　《“十四五”数字经济发展规划》核心内容概览

各地也纷纷出台地方数字经济规划。根据各地“十四五”规划和2035年远景目标纲要、数字经济专项规划等公开文件设定的数字经济关键发展指标看，上海设定的目标最高，即到2025年，数字经济核心产业增加值占GDP比重达到60%，辽宁、江苏、浙江、湖南、广东、重庆等省（直辖市）的数字经济核心产业增加值占比也高于10%，北京、天津、吉林、黑龙江、江西、山东、湖北、四川、陕西9个省（直辖市）的核心产业增加值占比与国家规划设定的10%持平。如表1－4所示。

表1－4　各地数字经济规划关键指标

序号	省、自治区、直辖市	数字经济增加值占GDP比重	核心产业增加值占GDP比重	年均增速/%
1	北京		10.0%	7.5
2	天津	55.0%	10.0%	
3	河北		5.0%	
4	山西		5.4%	
5	内蒙古		2.5%	
6	辽宁	45.0%	>10.0%	10.0
7	吉林		10.0%	
8	黑龙江		10.0%	
9	上海	>60.0%	60.0%	
10	江苏		>10.0%	
11	浙江	60.0%	15.0%	
12	安徽		5.0%	
13	福建	50.0%	增加3个百分点	15.0
14	江西	45.0%	10.0%	
15	山东	45.0%	10.0%	5.2
16	河南		较2020年翻一番	
17	湖北		10.0%	
18	湖南	45.0%	11.0%	15.8
19	广东	55.0%	20.0%	
20	广西	35.0%	>6.0%	

续 表

序号	省、自治区、直辖市	数字经济增加值占 GDP 比重	核心产业增加值占 GDP 比重	年均增速/%
21	海南			30.0
22	重庆	35.0%	>10.0%	
23	四川	43.0%	10.0%	
24	贵州	50.0%		>16.0
25	云南		6.5%	
26	西藏			
27	陕西		10.0%	
28	甘肃	上升 15 个百分点	4.2%	
29	青海			10.0
30	宁夏		8.0%	
31	新疆	35.0%		

四、数字经济相关立法工作加速推进

总体而言，数字经济还是一个新生事物，有很多新的发展规律和特点，现有法律法规还不完全适应数字经济发展和治理需要。加快数字经济立法，是推动数字经济更好服务和融入新发展格局的必然要求。近年来我国加快推进数字和信息领域的相关立法工作，《中华人民共和国网络安全法》《中华人民共和国数据安全法》《中华人民共和国个人信息保护法》等一批国家级法律陆续颁布生效。我国数字和信息领域的立法充分体现了统筹发展与安全的思路，注重平衡保护、规范、鼓励的关系。例如《中华人民共和国数据安全法》第七条明确提出“国家保护个人、组织与数据有关的权益，鼓励数据依法合理有效利用，保障数据依法有序自由流动，促进以数据为关键要素的数字经济发展”，第十四条提出“国家实施大数据战略，推进数据基础设施建设，鼓励和支持数据在各行业、各领域的创新应用”，此外还明确提出“省级以上人民政府应当将数字经济发展纳入本级国民经济和社会发展规划，并根据需要制定数字经济发展规划”，将制定数字经济发展规划作为地方政府的法定义务提出来，充分来体现了鼓励数字经济发展的导向。

地方的数字和信息领域的立法工作也加速推进。截至 2022 年 6 月，全国已有 18 个省（自治区、直辖市）出台了数据方面的条例，界定了公共数据范畴，明确了数据共享开放的主体责任、公共数据授权开发利用原则、公共数据安全管理等问题，部分地方还对构建数据要素市场作出了部署，在数据权属界定上进行地方立法实践探索。

部分省（自治区、直辖市）专门出台了数字经济促进条例。自 2021 年 3 月 1 日《浙江省数字经济促进条例》出台以来，广东、河南、北京、江苏等地也纷纷出台了本地区的数字经济促进条例。这些地区根据当地经济发展的实际情况，以地方立法形式探索适合本地区的数字经济发展之路。其中，北京的发展定位是建成全国领先的数字经济发展高地；上海的定位是建设国际数字之都，数字经济发展水平稳居全国前列；浙江将数字经济列为“一号工程”，数字经济发展水平稳居全国前列、达到世界先进水平，高水平建设国家数字经济创新发展试验区；湖南、广东注重对数字经济发展先导区的打造；安徽、宁夏侧重数字经济特色园区的发展；山西、山东、江西侧重数字经济规模的提升；湖北、内蒙古注重数字化公共服务水平的提升，使数字经济更好地服务人民的生产生活。

第三节　数字经济成为国际竞争的新焦点

数字经济将决定未来全球竞争态势、重塑国际经济格局。世界主要国家纷纷加快了数字经济的布局，普遍将数字经济作为本国经济发展新动力的重要抓手，数字经济已成为世界各国抢抓发展新机遇、塑造国际竞争新优势的焦点。尽管由于各国国体和政体差别带来了推进数字经济政策的手段不同，但是总体上，各国都在出台相关的引导政策加速本国数字经济发展。

一、美国的数字经济战略与政策

美国是数字经济的发源地，数字经济领域的许多新技术、新理念、新模式、新业态等都发源于美国。尽管美国是自由市场经济的典型代表，但是在发展数字经济方面也出台了一系列政策规划和法律法规，以确保其数字经济的全球领先地位。美国的数字经济战略与政策体系呈现以下三个特征。

（一）注重抢抓战略先机

1993 年 9 月，克林顿政府提出了“信息高速公路”战略；1998 年，美国商务部发布了《浮现中的数字经济》，描述了在信息技术创新驱动下，从工业经济走向数字经济的发展趋势，提出“互联网是基础设施，信息技术是先导技术，信息产业是带头和支柱产业，电子商务是经济增长的发动机”。此后，美国商务部连续多年发布数字经济报告，包括 1999 年的《浮现中的数字经济（二）》、2000 年的《数字经济 2000》、2016 年的《在数字经济中实现增长与创新》、2018 年的《数字经济的定义和衡量》等，持续推进数字经济发展。

（二）注重布局前沿技术

美国的数字经济建立在核心技术创新之上，美国联邦政府特别注重保持和巩固前沿技术领先优势，在应用层面出台政策并不多。在《无尽前沿法案》中，针对人工智能和机器学习、高性能计算、量子计算和信息系统、机器人、灾害预防、先进通信、生物技术、先进能源技术、网络安全和材料科学等可能对国际科技竞争格局产生重大影响的十大关键领域，加大投入力度，提出投入1000亿美元聚焦技术研发。通过《2021年美国创新与竞争法案》，计划向科研领域投入1900亿美元，其中520亿美元用于半导体行业。

（三）注重控制全球创新网络

美国还善于将全球创新资源为我所用，通过控制资本、控制产业链供应链，实现了对全球特定领域的掌控，形成“美国资本、国际人才、全球资源”相结合的模式。例如高端光刻机巨头是荷兰公司阿斯麦尔（ASML），芯片厂商是台积电等国际化公司，但是美国凭借掌握关键核心技术，能够实现对上述公司的绝对控制，掌握着全球创新网络，美国数字经济竞争力仍处于绝对领先地位。美国自“二战”以来就特别注重对国际人才的掌控，通过“回形针”计划，网罗了大量欧洲科学家，根据公开数据统计，美国诺贝尔奖获得者中有70%是移民，美国硅谷2/3的科技人员是亚裔。

二、欧盟的数字经济战略与政策

欧盟近年来也频频出台数字化方面政策，力图通过数字技术加速欧盟经济一体化，由于联盟的性质，欧盟的政策天然带有国际属性，注重跨国协同，同时特别注重个人信息保护，总体上呈现在保护的基础上发展、在合作的基础上创新的特点。

（一）欧盟强调统一市场

欧盟是由诸多欧洲国家构成的，欧盟长期致力于形成欧盟的单一市场。

自 2015 年以来，欧盟连续发布《数字化单一市场战略》《塑造欧洲数字未来》《欧洲数据战略》等文件，其主要目标是打通成员国之间的数字壁垒，实现各成员国的整体数字化转型。欧盟《数字化单一市场战略》提出为个人和企业提供更好的数字产品和服务，包括出台措施促进跨境电子商务发展，保障消费者权益，提供速度更快、价格更实惠的包裹递送服务，打破地域界限，改变同种商品不同成员国不同价的现状，改革版权保护法，推动提供跨境电视服务等。该文件还提出"欧洲数据自由流动计划"，推动欧盟范围的数据资源自由流动，在电子医疗、交通规划等对单一数字市场发展至关重要的领域，推动建立统一标准和互通功能，构建包容性的数字化社会。

（二）欧盟强调数字主权

欧盟缺乏世界级的数字经济龙头企业，核心技术也受制于美国，因此特别重视数据主权、技术主权的保护。在全球数字化领域竞争格局下，出于对丧失数据掌控力、在创新竞争和规则制定中落后的担忧，欧盟近期出现了维护自身"数字主权"的主张，并相应提出三大行动方案。一是提出"数字罗盘"计划，计划投入 1300 亿欧元发展数字工业，旨在缩小与中美在芯片制造、人工智能等领域的差距。注重纳米电子、机器人、5G 等新一代信息技术的基础研发投入，以此保持在尖端领域的领先位置。在工业（制造业）、交通、健康等 9 个战略行业建立数据空间，推动数据共享。二是制定《欧洲数据战略》，打造欧洲统一的云计算项目 Gaia-X，提高数据中心和边缘设备的计算能力，着力摆脱在云计算领域对美国的依赖。三是大力主张对美国在欧的数字经济龙头企业征收数字税。例如法国是世界上首个完成数字税立法的国家，是第一个成功征收数字税的国家。

>> 欧盟的国际数据空间（IDS）

国际数据空间（IDS）是由德国发起的国际数据空间协会（IDSA）构建的一个国际性的数据共享交换基础设施。在该空间中，任何规模和任何行业的公司都可以在充分享有数据自主权的方式下对其数据资产进行管理，并且对共享数据的全链条去向信息有充分的掌握。目前，国际数据空间协会已有来自20多个国家的130多名成员，所有成员都可以自行确定其数据的使用规则，并在安全、可信、平等的伙伴关系中实现数据的价值最大化。

2020年，欧盟委员会先后发布《欧洲数据战略》和《欧洲数据治理条例》，大力推动国际数据空间的发展，创设了9个主题化的数据空间，包括工业（制造业）数据空间、绿色政务数据空间、移动性数据空间、健康数据空间、金融数据空间、能源数据空间、农业数据空间、公共管理数据空间、技能数据空间。在欧盟的数据空间定义里，数据空间也被看作一种生态系统及与之相适应的软性因素。同时，欧盟为了确保数据主权，还大力打造欧盟自主的云计算项目Gaia-X，为国际数据空间提供统一的基础设施底座，旨在为欧洲打造一个具备竞争力、安全与可靠的数据基础架构，包括数据生态系统，联邦服务以及云计算、边缘计算和数据存储等基础设施生态系统。

（三）欧盟强调开源创新

欧盟制定了开源软件战略，将开源软件视为数字时代的公共产品，在公共部门率先采用开源软硬件技术，将RISC-V、Eclipse等开源基金会总部引入欧洲，争夺国际开源生态主导权。2021年9月，欧盟发布《开源软件和开源硬件对欧盟技术独立、竞争力、经济创新力的影响》研究报告，测算认为欧盟开源软件产业每增加10%，就会带动0.4%~0.6%的GDP增长，并新增600多家信息通信技术（ICT）方面初创企业。欧盟的开源政策力度更大，将开源软件视为数字时代的公共产品，制定了开源软件战略，建立了欧洲开放许可协议（EUPL），在公共部门率先采用开源软硬件技术，将开源指令 RISC-V 基金会、Eclipse 开源软件基金会总部引入欧洲，对共享代码、查找代码漏洞的行为由政府出资进行奖励等。

（四）欧盟强调监管优先

欧盟坚持规范与发展并重的原则，建立了以监管为导向的“可信生态系统”。一是构建分级分类的风险监管体系，实现创新发展与市场监管的平衡。对于高风险行业，例如使用人工智能技术进行远程生物识别或者实施监控等，需要满足法律规范的强制性要求，推动算法透明和中立；而对于非高风险行业或非特定高风险行为，企业可自愿适用强制性要求。二是政府针对不同企业采取差异化的分类处理举措，优先为符合监管要求的企业颁布认证许可。三是在法律层面给互联网巨头们划定红线，强调市场监管的公平公正，平衡创新发展与市场监管的关系。四是高度尊重并强化个人数据权利，保护个人数据安全。《欧洲数据战略》提出尊重并强化个人数据权利。2018 年 5 月 25 日，欧盟制定了全球最为严格的《通用数据保护条例》（GDPR），推动个人信息保护，赋予了个人数据的可迁移性权力，对任何违反该条例的行为进行处罚，包括纯粹程序性的违规行为，其罚款范围是 1000 万～2000 万欧元，或企业全球年营业额的 2%～4%。

三、德国的数字经济战略与政策

德国是工业制造强国，在工业领域尤其是制造业领域拥有全球领先的地位和优势，在机械制造业的 31 个门类中，德国有 17 个门类占据全球领先地位。德国数字经济战略的特点是牢牢扎根于制造业的，特别注重数字技术同实体经济的融合，重点发展方向是工业 4.0，这尤其值得我国学习借鉴。2013 年 12 月，德国发布《工业 4.0》，涵盖智能制造、人工智能、机器人等诸多领域，其核心目的是提高德国工业的竞争力，在新一轮工业革命中占领先机。从2014年开始德国就陆续出台人工智能扶持政策：2016年3月，发布《数字化战略（2025）》，提出“智能化联网战略”，促进政府与企业间的协同创新，构建新型开放型创新平台，加快传统产业的数字化转型；2018年出台《联邦人工智能战略要点》，加大了联邦资助资金对人工智能支持力度，打造人工智能创新集群，通过道德、法律、文化和制度把人工智能嵌入社会体系；2019年11月，发布《国家工业战略2030》，包含改善德国工业的政策环境、加强新科技创新、促进私有资本研发投入和维护科技主权三大方面，进一步强调工业数字化的知识产权。德国联邦外贸与投资署的统计数据显示，95%的德国制造业企业将工业4.0和产业数字化视为改进自身业务的良机。在员工人数超过100人的德国企业中，59%的企业正在应用工业4.0技术，22%的企业计划在近期引入产业数字化，形成了产业数字化转型的良好发展态势。

四、英国的数字经济战略与政策

作为工业革命和现代科学技术的重要发源地之一，英国也高度重视数字经济发展，是数字化战略和政策的“高产国”，数字经济发展保持了较高的水平。英国经济与商业研究中心的统计显示，自2012年以来，数字经济已经超越制造业、采矿、发电等工业部门，成为英国最大经济部门。早在2013年6月，英国就发布了《信息经济战略》，明确了英国信息经济的发展方向。2015年2月，英国发布《数字经济战略（2015—2018）》，提出对数字文化创新的扶持和激励政策，并且为英国建设数字化强国确定了方向。2017年3月，英国发布《数字发展战略》，提出通过数字化提高政府服务效率和质量，使得公共服务能够以简单、便捷、快速的方式惠及公民、企业和其他各类非政府组织。同年4月，英国发布新《数字经济法案》，旨在建立更好的数字化基础设施并为使用数字化服务的公民提供保护。2018 年 1 月，英国发布《数字宪章》，强调网络安全与相关监管的重要性，让互联网公平地服务于每个公民、每个企业和整个社会。近年来，英国又相继发布了《产业战略：人工智能领域行动》《国家计量战略实施计划》《数据改革法案》等一系列战略行动计划，不断加大虚拟技术、下一代人工智能、数字安全软件、数据安全等方面的投入力度。

五、日本的数字经济战略与政策

日本高度重视基础学科研究，制造业能力仍然十分雄厚，在数字产业化和产业数字化领域都有不俗的发展基础和能力，数字经济发展总体处于全球前五的水平。自 2000 年以来，日本先后制定了“E-Japan（2001）战略”“U-Japan（2004）战略”“I-Japan（2009）战略”，推动信息基础设施建设，推行首席信息官制度，推进重点行业信息化。近年来，日本相继发布《日本制造业白皮书》《综合创新战略》《集成创新战略》《第 2 期战略性创新推进计划（SIP）》等战略和计划，积极推动人工智能、物联网、云计算等科技手段应用到生产制造领域，利用数字技术缓解日本面临的人口老龄化、劳动力短缺、产业竞争力减弱等问题，推动了数字经济发展。日本对核心技术的研发投入值得我们充分借鉴。例如日本制定的《科学技术创新综合战略（2020)》，针对人工智能、物联网、大数据、自动驾驶、机器人、3D 打印等革命性制造技术领域，以创新为目标，制定研发计划。2020 年 7 月，日本“量子密码通信”项目正式立项，开展量子通信加密链路技术、可信节点技术、量子中继技术等前沿技术研究。2020 年，日本着重加强数字技术创新。2021 年制定《半导体和数字产业发展战略（2021)》，将数字经济核心技术定位为国家基础性产业，确保尖端半导体的研发和生产能力，培育扎根于日本的数字产业，促进5G基础设施建设。菅义伟政府执政期间，日本还成立了数字厅，打破了行政纵向分割，同时开展监管改革，强化数字技术创新，推动制造业与工业互联网深度融合，建设具有日本特色、适应本土需求的数字社会，确保日本在超级计算（模拟计算方法、人工智能学习性能、大数据处理）和量子密码通信的领先地位。日本还提出“Beyond 5G战略”，为面向2030年的“超智能社会”奠定坚实基础。

第二章 数字经济的相关理论

什么是数字经济？目前在经济学理论层面还没有形成统一权威的学理概念。2022 年 1 月，《“十四五”数字经济发展规划》对数字经济从政策规划和实践角度给出了定义，即“数字经济是继农业经济、工业经济之后的主要经济形态，是以数据资源为关键要素，以现代信息网络为主要载体，以信息通信技术融合应用、全要素数字化转型为重要推动力，促进公平与效率更加统一的新经济形态”。这一定义从要素、载体、动力、价值四个方面进行了表述，是目前被人们广为接受的定义。

第一节　数字经济的概念演进

数字经济的概念早在 20 世纪 90 年代就出现。而与之类似的信息经济的概念则更早，萌发于 20 世纪 50 年代，并于 20 世纪 70 年代趋于成熟。与数字经济关联性较强的概念还包括网络经济、知识经济、智能经济、平台经济、共享经济等。这些概念与数字经济都有密切的关系，只是在不同时代、从不同视角提出来的，在概念传承和创新实践中，数字经济的内涵与外延在不断丰富拓展，逐步从技术视角、载体视角、业态视角和要素视角等角度，解开了数字经济的全貌。数字经济概念演进如图 2－1 所示。

从技术视角来看，1940 年人类第一台计算机的发明使人们认识到信息技术能为经济发展提供新的动力，“信息经济”概念应运而生。信息经济学主要研究信息这一特殊商品的价值生产、流通和利用以及经济效益，到 20

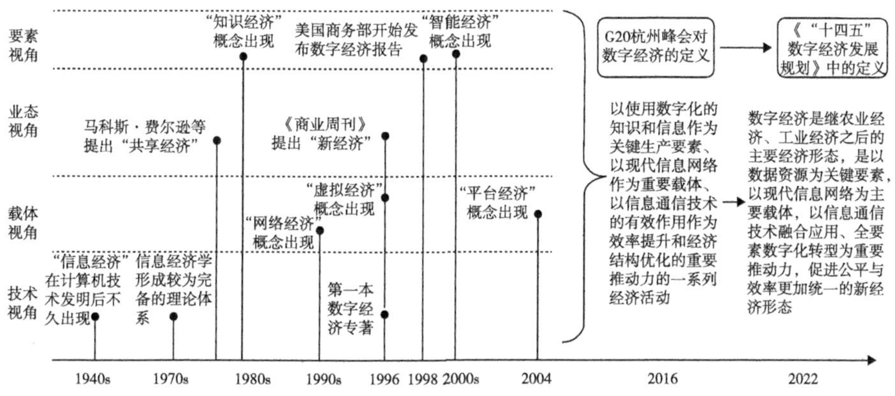

图 2－1　数字经济概念演进

世纪 70 年代信息经济学基本发展成熟，代表性人物包括国外的马克鲁普以及国内的乌家培等。1996 年，唐·塔普斯科特在《数字经济：智力互联时代的希望与风险》一书中提出了“数字经济”的概念，他被认为是最早提出“数字经济”概念的学者之。① 20 世纪 90 年代，在“信息经济学”的基础之上，随着曼纽尔·卡斯特的《信息时代：经济、社会与文化》、尼葛洛庞帝的《数字化生存》等著作的出版和畅销，“数字经济”的理念在全世界流行开来。

从载体视角来看，20 世纪 80 年代，日本学者鉴于第三产业中的商业、运输业、金融业等均因有相应的网络而发展起来，就把服务经济称为网络经济，这一阶段还主要研究传统的业务网络的经济效应问题。20 世纪 90 年代，互联网的兴起让美国学者最先认识到了互联网的经济价值，提出以新兴的互联网为载体，进行成本核算、收费标准、投资收益等经济活动的新

---

① 参见 https：//dontapscott. com/。唐·塔普斯科特（Don Tapscott）是一位加拿大商业主管、作家、顾问和演讲者，专门研究商业战略、组织转型以及技术在商业和社会中的作用。他是 Tapscott 集团的 CEO，也是区块链研究院的联合创始人兼执行主席。一些文献中将 Don Tapscott 说成是美国经济学家是不准确的。

型经济形态，为“网络经济”赋予了新的时代内涵，之后人们在谈论网络经济时，大多数情况下是指依托于新兴互联网的网络经济。“虚拟经济”的概念由马克思提出的虚拟资本（fictitious capital）衍生而来，之后逐渐被专指为互联网在实体经济之外形成的虚拟经济形态，与之相对应的概念还包括线上经济等。21 世纪初，国内外一些学者研究提出了“平台经济”概念，指依托虚拟或真实的交易场所，促成双方或多方供求之间的交易行为，收取恰当的费用或赚取差价而获得收益的一种商业模式。由于数字技术平台的优势，近年来平台经济日益专门指向了数字经济领域的数字化平台。

从业态视角来看，“共享经济”术语最早在 1978 年由美国得克萨斯州立大学社会学教授马科斯·费尔逊和伊利诺伊大学社会学教授琼·斯潘思发表的论文《社区结构与协同消费：一种日常活动的方法》中被提出。“新经济”一词最早出现在美国《商业周刊》1996 年 12 月 30 日发表的一组文章中。新经济是指在经济全球化背景下，信息技术（IT）革命以及由信息技术革命带动的、以高新科技产业为龙头的经济。

从要素视角来看，“知识经济”的理论形成于 20 世纪 80 年代初期。1983 年，美国加州大学教授保罗·罗默提出了“新经济增长理论”，认为知识是一个重要的生产要素，它可以提高投资的收益。20 世纪 90 年代末，《社会科学探索》中有这样一篇文章《21 世纪经济学创言——智能经济》提出，21 世纪生产的技术结构方式将是智能密集型，人类努力把部分思维活动通过给技术系统来实现，而与之相对应的经济时代应当定名为“智能经济”。2019 年，百度创始人李彦宏在 2019 年第六届世界互联网大会上提出，人类社会已经进入了以人工智能为核心驱动力的智能经济新阶段，智能经济将给全球经济带来新的活力。1998 年，美国商务部发布了《新兴的数字经济》报告，之后连续多年发布数字经济报告。2016 年，《二十国集团数字经济发展与合作倡议》将数字经济界定为“以使用数字化的知识和信息作为关键生产要素、以现代信息网络作为重要载体、以信息通信技术的有效使用作为效率提升和经济结构优化的重要推动力的一系列经济活动”。

从新概念的提出到理论的成熟是一个不断探索、不断实践的过程。今天，我们从技术、载体、业态、要素等多元综合视角，逐步认清了数字经济的全貌，数字经济成为信息经济、网络经济、共享经济、虚拟经济、知识经济等相关概念的集大成者，其内涵与外延也更加丰富。随着经济社会数字化创新实践向纵深发展，其概念和内涵无疑还会发生巨大的变化。当前，几乎所有的产业都已经不同程度地利用数字化手段开展生产经营管理活动，数字化正在实现对各行业各领域的全覆盖，从这个角度看，也可以将数字经济理解为经济的数字化，按照广义概念理解，将不存在数字经济与非数字经济之分。

第二节　数字经济的总体框架

数字经济作为一种新型的经济形态，也符合经济学的基本规律。系统理解数字经济，需要从生产力、生产关系、生产要素、基础设施等方面进行研究分析。数字经济的发展引发了生产力、生产关系、生产要素、基础设施全方位系统性的变革。从经济视角分析，数字经济由新基建、新要素、新动能、新治理构成了“四新”框架，如图 2 – 2 所示。发展数字经济，主要任务就是夯实新型基础设施、激活数据新生产要素价值、壮大新生产力、调节新生产关系。这“四新”既是数字经济的显著特征，也是数字经济的主体构成，还是数字经济的优势源泉。

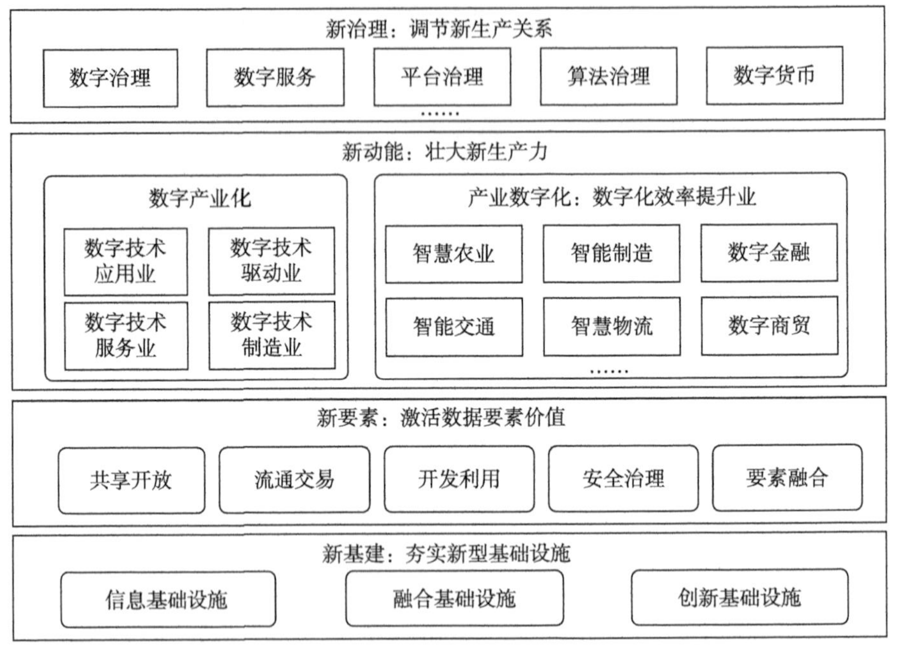

图 2－2　数字经济“四新”框架

一、数字经济新基础设施：泛在智能的新底座

新型基础设施是发展数字经济的先决条件，是连接映射物理空间与数字空间的关键载体。数字经济是建立在泛在智能连接基础之上的。新型基础设施的连接是全方位的，从连接设备、连接机器、连接数据、连接人到连接产业生态，实现数字经济相关要素的网络化配置、融合化创新、协同化发展。新型基础设施包括 5G、互联网、物联网、工业互联网等连接设施，以及大数据中心等算力设施，它同传统基础设施相比的显著优势是网

络化、融合化、智能化。新型基础设施不再是冷冰冰的钢筋水泥，而是流淌着数据、凝聚着智慧的智能化设施，泛在智能的新型基础设施激发了网络协同效应，集聚了数字经济发展的强大动能。数字经济新型基础设施尽管在形态上有所不同，但是最核心的作用是采集数据、汇聚数据、存储数据、计算数据、开发数据，全方位支撑数据要素价值的释放。此外，新型基础设施的共建共享共用特征还会作用于新型生产关系的调节优化。新基建所构建的数字空间，将为构建一个更加公平透明、扁平高效、协同共赢的新生产关系提供有力的新底座。

二、数字经济新生产要素：用之不竭的宝藏

经济形态的演变带来了生产要素的不断拓展与变迁。农业经济的生产要素是土地。工业经济时期，关键生产要素转化为资本和技术，资本和技术双轮驱动奠定了现代文明成果。数字经济时代，数据成为新型生产要素。同传统要素相比，数据要素的鲜明特征是由人类创造，取之不尽、用之不竭，打破了经济发展的传统资源禀赋约束。据统计，我国耕地、淡水和石油资源仅占全球的9%、6%和1.5%[①]，这形成了资源禀赋硬约束。而在数字经济时代，我国数据资源以每年30%的速度增长。根据国际研究机构国际数据公司（IDC）的预测（如图2－3所示），2025年我国的数据资源的全球占比将达到27.8%，有望超过美国的17.5%跃居全球第一，数据将成为我国拥有比较优势的新型生产要素，可以打破传统资源禀赋制约，为做强做优做大数字经济提供不竭的要素支撑，也为我国经济高质量发展奠定坚实基础。

---

① 参见连维良《加快构建新发展格局 把握未来发展主动权》，《习近平经济思想研究》2022年第2期。

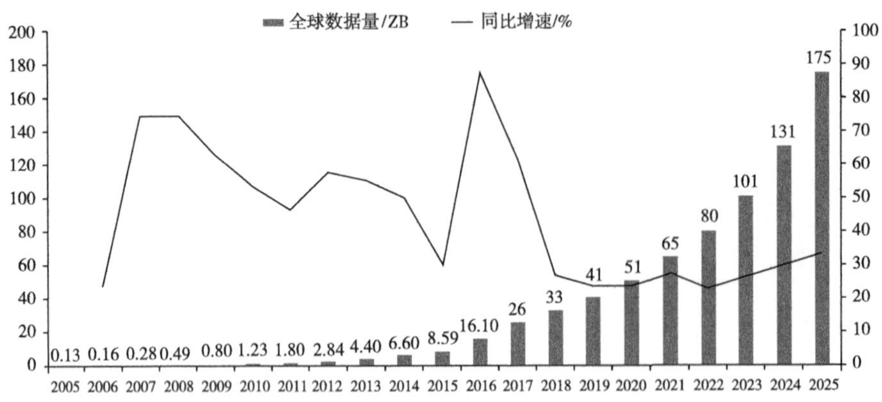

图 2－3　IDC 对全球数据增长量的预测

三、数字经济新生产力：日新月异不断提升

技术是驱动生产力提升的主要动力。农业经济的主要生产力是以牛马为主要载体的畜力，人们以农耕生产为主，生产力处于缓慢增长的状态。工业经济时期，是建立在电力、石油基础之上的机器大生产，生产力快速发展，资本和技术驱动生产力快速发展，但是生产力关键技术和重大装备的更新周期一般是以十年为单位计的。技术创新周期在很大程度上决定了经济周期的波动。数字经济时代，算力、算法、存储力成为新生产力。在摩尔定律的驱动下，计算机存储性能日新月异，每 18 个月，芯片的性能提高 1 倍或者价格降低 50%，这使得数字技术能力在日新月异地快速提升。20 世纪 50 年代，一个像衣柜一样大的硬盘只有 5 兆字节（MB）的存储空间，仅仅够存下两张清晰度较高的照片。1994 年，比尔·盖茨曾经坐在 33 万张纸上，手中拿着一张光盘告诉全世界：一张光盘能记录的内容比这 33 万张纸记录的信息还要多。今天，一个小小的普通 U 盘可以达到数百吉字节（GB）的存储量，充分反映了数字技术巨大的创新变革力量。

>> 数字技术日新月异发展

从人类第一台计算机算起，计算机向着小型化、通用化、智能化、网络化方向发展。技术的变化远远超过了人们的想象。正是日新月异的技术变化，使推进经济社会数字化、网络化、智能化转型成为可能。

1956 年，IBM 公司正在运送一个 5 兆字节（MB）的硬盘

1994 年，比尔·盖茨坐在 33 万张纸上，展示一张光盘能存储的信息

四、数字经济新生产关系：更加强调协作共赢

生产关系是指人们在物质资料的生产过程中形成的社会关系，是生产方式的社会形式，包括生产资料所有制的形式、人们在生产中的地位和相互关系、产品分配的形式等。其中，生产资料所有制的形式是最基本的决定性作用。数字技术不仅能够提高劳动生产率，推动生产力发展，而且也必然深刻地改变经济社会的生产方式，乃至影响世界经济格局。一是要素共享促进生产关系平等化。数据要素的高共享性特点打破了传统模式下生产要素和生产资料被少数人占有的局面，在众多数字消费场景下，消费者同时也是数据生产者；在产业协同方面，数据正在产业上下游企业中共享流通。二是生态共生促进生产关系协同化。数字经济是开放型经济，是生态型经济形态，产业上下游的数字化协同是做强做大“数字经济蛋糕”的

关键，技术的跨时空性形成了更广泛的经济活动连接，共同促进形成更加平等的协作共赢关系。三是设施共融促进生产关系共赢化。无处不在的信息基础设施、按需服务的云模式和各种商贸、金融等服务平台，降低了参与经济活动的门槛，形成了更多的经济组合，激发了更多的经济业态。数字技术打破了原有劳动形式中时间和空间对劳动者的约束，给劳动者从就业自由度到择业自由度提供了更多的选择，也提高了劳动力资源配置效率。例如，互联网领域经常以“羊毛出在猪身上让狗买单”做比喻，本质上是生产关系的改变。免费享受服务的消费者其实是在消费的过程中为互联网平台贡献了数据、流量，促进互联网平台形成网络效应，在这样的场景下免费的用户既是消费者又是生产者，与平台形成协作共赢的模式，形成了让第三方最后买单的新型生产关系。

五、数字经济的产业构成

目前，全球范围内对于数字经济的产业边界还没有统一的界定。例如美国商务部经济分析局（BEA）把数字经济分成基础设施、电子商务、收费数字服务等 3 个大类、10 个小类，对应着北美产业分类系统（NAICS）中的 292 个行业，大致对应我国所说的数字产业化，是狭义的数字经济产业范围。2021 年 6 月，国家统计局发布了《数字经济及其核心产业统计分类（2021）》，对数字经济核心产业做出了明确的界定，即把数字经济产业范围确定为数字产品制造业、数字产品服务业、数字技术应用业、数字要素驱动业和数字化效率提升业等 5 个大类，以及 32 个中类和 156 个小类。并明确：前 4 个大类是数字产业化部分，是数字经济核心产业；第 5 大类是产业数字化部分。如表 2 – 1 所示。在 2021 版的数字经济统计分类中数字经济在边界上同信息经济学的范畴较为相似，数字经济核心产业分类同信息经济学的范畴也较为相似，其突出的优势是统计上便于操作，避免了在度量广义数字经济时由于模型问题、主观问题造成数字经济度量上的偏差。

表 2－1　数字经济核心产业分类

序号	核心产业	核心产业中类
1	数字产品制造业	计算机制造，通讯及雷达设备制造，数字媒体设备制造，智能设备制造，电子元器件及设备制造，其他数字产品制造业
2	数字产品服务业	数字产品批发，数字产品零售，数字产品租赁，数字产品维修，其他数字产品服务业
3	数字技术应用业	软件开发，电信、广播电视和卫星传输服务，互联网相关服务，信息技术服务，其他数字技术应用业
4	数字要素驱动业	互联网平台，互联网批发零售，互联网金融，数字内容与媒体，信息基础设施建设，数据资源与产权交易，其他数字要素驱动业
5	数字化效率提升业	智慧农业，智能制造，智能交通，智慧物流，数字金融，数字商贸，数字社会，数字政府，其他数字化效率提升业

第三节　数字经济的发展特征

同传统的经济形态相比，数字经济具有创新驱动、要素共享、网络协同、自我革新的显著特征，产生辐射效应、生态效应、放大效应和鲇鱼效应，从而形成高创新性、强渗透性、广覆盖性的巨大创新动能，是相较于农业经济、工业经济的显著发展优势所在。

一、创新驱动的辐射效应

数字经济是典型的技术密集型、数据密集型和知识密集型经济形态，核心动力是通过基于“算法 + 算力 + 数据”的集成融合创新激发现代化经济体系。数字经济从根本上改变了传统经济的生产方式和商业模式，是发展现代化经济体系的新引擎，是关键核心技术的应用奇点，会迸发出巨大的创新辐射效应。“大数据 +”“互联网 +”“人工智能 +”“区块链 +”“5G +”等创新模式正在加快与实体经济融合，全面渗透到生产、分配、交换和消费的各个环节，带来经济组织结构扁平化、生产要素配置高效化、经济活动敏捷化的巨大创新效应，发挥发展速度快、辐射范围广、影响程度深的辐射带动作用。

二、要素共享的生态效应

数据作为数字经济的关键要素具有高创新性、高共享性的显著特征，对提高生产效率的乘数作用不断凸显。在生产环节，数字技术能捕获生产线的实时生产数据，可以全方位深入掌握生产工艺、生产环节、生产设备的运行状态，衔接产业上下游生态化协同，实现设备智能化、生产智能化、产业链供应链智能化。在交换环节，基于线上线下渠道融合，以数据流整合优化资金流、物质流、人才流，形成人、货、场全网全渠道融合、跨时空配置的新模式。在消费环节，基于数据反馈、用户画像，加强客户关系管理，提升消费体验，形成研发设计、生产制造和终端消费的正反馈，实现个性化定制、敏捷化生产，形成新的商业生态。

当前，社会化大生产的网络协同水平在深度和广度上都有了进一步拓展。尤其是在工业互联网场景下，必须树立生态化发展理念，以共享交换、交易流通等多种形式，以数据畅通产业上下游，更多与外部资源高效链接和协同，适时动态调整各个单元之间的协同关系，提升社会化协同创新大生产的网络化、规模化水平。在数字经济条件下，生产系统越封闭，则生产能力越滞后。因此，每个企业都必须着眼开放系统，拓展以开放、合作、共享为特征的共生空间。

三、网络协同的放大效应

数字经济中著名的梅特卡夫定律提出：网络的价值与联网的用户数的平方成正比。这直观地解释了为什么互联网具有如此巨大的生命力，换句话说，某种网络，比如电话的价值随着使用用户数量的增加而增加。我们经常说数字经济有巨大的放大、倍增、叠加效应，其重要原因之一就是梅特卡夫定律揭示的网络“放大器”的赋能效应。梅特卡夫定律很好地解释了互联网行业为什么在早期都要拼命“烧钱”做大规模，其目的就是要产生足够大的网络，连接足够多的信息和人，在网络规模达到一定程度后，释放出巨大的能量。另外也解释了为什么互联网平台有自然垄断属性：先发公司确立优势、用户规模达到一定程度形成网络放大效应之后实现了指数级增长。梅特卡夫定律对指导我们更好地推进数字化转型具有现实的指导意义：在发展数字经济的同时，一定要保持开放思维，只有依托统一的网络，彼此互联，才能够激发更大的创新活力。例如，我们发展工业互联网、物联网，一定要坚持统一的标准规范，在保障安全的前提下，实现设备、工厂、车间的开放互联，只有这样才能更好地激发新技术的创新潜力。

四、自我革新的鲇鱼效应

数字经济新业态还具有自我革新的内生创新动力。这可以用达维多定律进行解释。达维多曾任职于英特尔公司高级行销主管和副总裁。达维多定律认为：进入市场的第一代产品能够自动获得50%的市场份额，所以任何企业在本产业中必须第一个淘汰自己的产品，企业必须不断更新自己的产品。这就解释了为什么互联网公司必须不断创新。达维多定律背后也有梅特卡夫定律的影子。首发产品为什么能获得 50% 的市场份额，也是源自网络赋能效应的。达维多定律也解释了美国硅谷的“自吃幼崽”现象，即数字技术公司内部研发更好的产品击败自己原来的产品，以确保公司在激烈的竞争中保持竞争优势。微信的成功也是自我革新的典型案例。腾讯最早的社交软件是 QQ，取得了很大的成功，但是腾讯并没有止步于此，而是在内部创新出微信新产品以超越 QQ。微信自 2011 年上线以来，在很短的时间里就风靡全国，成为人们使用频度最高的移动应用，并逐渐走向了海外市场，微信的自我革新取得了巨大成功。这种内生的鲇鱼效应为数字经济带来了不竭的创新动力，形成了“常创常新”的良性创新循环态势。

实 践 篇

第三章

着力培育数字经济新动能

经过多年的创新发展，我国数字经济已经取得显著进展。据中国信通院的《中国数字经济发展报告（2022年）》数据显示，2021年，我国数字经济规模达到45.5万亿元，占GDP比重达到39.8%，在逆全球化叠加新冠肺炎疫情冲击的双重影响下，数字经济呈现逆势增长态势，我国数字经济规模连续多年稳居世界第二。数字经济在助力增强经济韧性、保障经济社会健康平稳、增强产业链供应链对外部环境的适应能力等方面发挥了十分重要的作用。① 当前，世界百年未有之大变局加速演进，国际力量对比深刻调整，我国经济发展面临需求收缩、供给冲击、预期转弱三重压力，对加快推动数字经济发展提出新的更高的要求。

第一节　以新发展理念驱动数字经济发展

进入新发展阶段，完整、准确、全面贯彻新发展理念是开展各项工作的“指挥棒”和“红绿灯”，是破解发展难题、增强发展动力、厚植发展优势的根本保障。数字经济的内在发展规律与创新、协调、绿色、开放、共享的新发展理念是高度相通的，是贯彻新发展理念的有力手段，如图3－1所示。做强做优做大我国数字经济，要以创新为发展动力、以协调为发展路径、以绿色为发展底色、以开放为发展模式、以共享为发展目标，以新发展理念驱动数字经济高质量发展。

① 参见国家发展和改革委员会《大力推动我国数字经济健康发展》，《求是》2022年第2期。

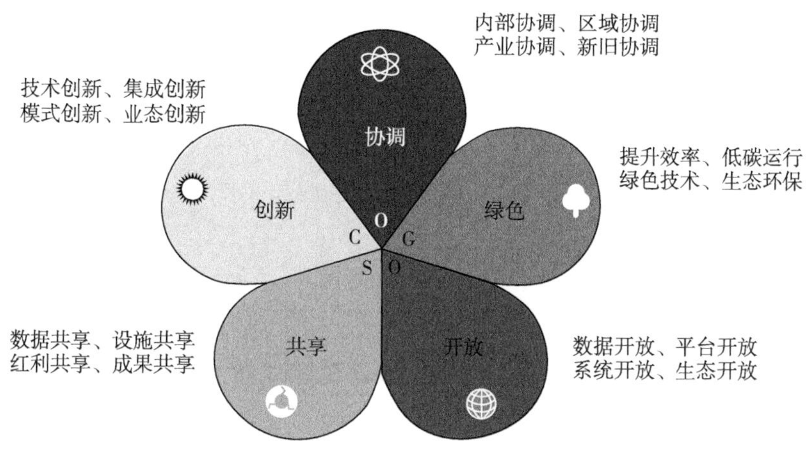

图 3－1　数字经济与新发展理念

一、以创新为发展动力

数字经济是典型的技术密集型、数据密集型和知识密集型经济形态，创新是发展数字经济的根本动力。数字经济创新可概括为三个层次，如图 3－2 所示。一是创新核心层，主要是指核心技术、基础理论、核心算法等方面的基础创新。第二个层次是集成整合层，主要涉及生态创新、协同创新、集成创新，是建立在基础创新之上的技术融合、要素融合的创新活动。第三个层次是应用创新层，主要是在基础创新、集成创新基础之上，结合不同应用场景，形成新业态、新模式、新动能、新产业等创新活动。

我国早期的数字经济创新是在 2000 年第一次互联网浪潮下从模仿学习硅谷创新开始的，第一批涌现出的门户网站、搜索引擎、即时通信、电商平台基本上都是对标硅谷创新模式的，走过一条“跟风模仿抄作业、抢占风口挣快钱”的发展阶段。近年来，我国超大规模市场优势和丰富应用场景培育出了共享单车、移动支付、短视频社交、直播带货等一大批首创性的新模式新业态，但这些创新仍然还主要停留在应用层面，涉及核心技术

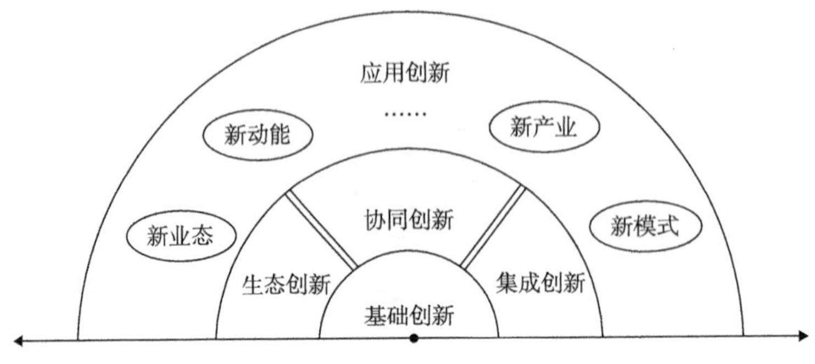

图 3-2　数字技术创新的三个层次

的创新不多，创新资本在基础研究领域投入还不足、突破还不多，呈现“重应用创新、轻技术创新”的倾向，是我国数字经济大而不强、快而不优的重要原因之一。

近年来，世界逆全球化趋势有所抬头，我国数字技术领域面临着断供断链、被剥离全球创新体系的现实威胁。2017 年以来，美国加大对我科技企业打压力度，截至 2022 年 5 月，我国被美国商务部列入实体清单的企业和机构已经超过 300 家，华为、中兴等龙头企业的业务受到较大冲击和影响，这些情况再次警示我们没有技术发展范式的创新，数字经济就是建立在沙滩上的“大厦”。在世界百年未有之大变局下，必须着力强化数字经济领域的基础研究，解决核心技术被“卡脖子”的问题，同时也基于基础研究的突破，不断拓展数字经济的发展动力源泉，提升我国数字经济的创新“含金量”。

>> 手机里的诺贝尔奖

新产品、新技术、新业态创新是建立在基础研究之上的。例如，一个小小的手机里，蕴含着 10 多项诺贝尔奖的成果：手机储存能力的提升源于 2007 年诺贝尔物理学奖巨磁电阻效应的成果转化，手机日益轻薄小巧源于 2000 年诺贝尔物理学奖“快速晶体管、激光二极管和集成电路”的成果转化，手机的电池续航能力提升源于2019年诺贝尔化学奖的锂电池技术，手机散热能力提升源于2010年物理学奖的石墨烯技术，手机屏幕的进步源于2000年化学奖的导体聚合物技术、2009年物理学奖的半导体成像器件技术、2014年物理学奖的蓝色发光二极管技术三项诺贝尔奖项成果，手机外壳轻薄坚固源于2019年诺贝尔化学奖的高分子材料（PC、ABS、PC + ABS）技术。手机创新的案例可充分说明注重基础研究、核心技术研发的极端重要性。

二、以协调为发展路径

数字经济是建立在网络联通、数据共享、要素优化、生态协作基础之上的，正在构建形成更加平等、扁平、共赢的新型生产关系，社会化分工协作变得更加紧密，跨界融合成为重要的创新途径和热点领域，企业主体逐步由市场竞争关系转变为产业共赢关系，协调发展成为数字经济题中应有之义。一是内部协调。推进数字产业化和产业数字化，首先要实现组织内部生产、管理、营销、研发等部门和环节的高度协同和数字化融合，解决企业管理中数据孤岛和内部数据不关联的问题，畅通内部数据流、人才流、技术流，在此基础上实现智慧管理、精准营销、智能物流、柔性生产。二是产业上下游协调。发展数字经济要注重产业上下游的协同合作，在做好内部数字化协调融合基础上，要逐步推进产业上下游的数字化协调，推动创新体系由链条式价值链向能够实现互动、多方参与的创新生态体系演进。三是区域协调。发展数字经济还要高度重视区域数字经济协调发展的问题。数字经济能够打破传统资源禀赋硬约束，通过构建区域间协同发展和优势互补的机制，有效释放不同区域的比较优势，用数据要素和创新作用逐步缩小区域间数字经济的发展差距，形成区域数字经济协调发展的格局。例如，“东数西算”工程实现了东部创新优势和西部算力资源优势的优化配置，形成了携手转型的发展模式。农村电商的发展，激活了基层农副产品优势，带动了城乡协同发展。在京津冀协同发展战略下，三地数字经济产业协同显著降低了京津冀碳排放。① 四是新旧协调。发展数字经济还要处理好与传统经济的协调问题。数字经济对传统产业既具有替代效应也具有促进效应。例如，工业机器人的广泛应用在提高生产效率的同时，不可避免地对人力资源形成挤出效应。再比如，数码产业的出现逐渐淘汰了胶卷行业，线上消费对线下消费形成替代效应。数字经济发展还带来新产业与旧制度的矛盾，共享单车、共享汽车等共享平台涉及线上线下、软件硬件、基础设施、所有者利益、消费者权益、公共秩序、公共安全等一系列问题，涉及多方面主体之间的利益关系，需要坚持共治共享的协调理念，发挥市场对资源配置的决定性作用，同时更好发挥政府的统筹规划和有效监管作用。例如，近年来我国多地发生网约车重大交通事故的案例，比常规交通事故涉及更多主体，在责任认定、保险赔偿等方面更加复杂，需要建立新的政策法规体系以适应新模式新业态发展需要。

三、以绿色为发展底色

数字经济是践行绿色发展理念的重要发展模式，可以实现信息流整合优化资金流、物质流、技术流、人才流，促进经济社会绿色低碳运转。在生产领域，数字技术可以助力制造、化工、能源、交通等高耗能行业提高技术工艺、优化资源配置、实现敏捷生产，通过数字化转型有效实现降本增效、减少碳排放。在消费和流通领域，数字技术跨时空、扁平化优势能够大幅压缩交易流通环节，电子商务、移动支付、共享单车等新业态模式

① 参见叶堂林、李国梁等《京津冀蓝皮书：京津冀发展报告（2022）——数字经济助推区域协同发展》，社会科学文献出版社，2022。

不仅降低了市场交易成本，而且也促进了资源的节约使用。根据国际电信联盟（ITU）估计，信息通信技术能够帮助全球减少 15%～40% 的碳排放，信息通信技术运用到其他行业实现的节能量是其自身行业能源消耗量的 5 倍。密歇根大学的研究显示，搭载车间通信系统的自动驾驶车辆通过线路优化及制动优化，可比传统车辆降低 19% 的能耗。根据中金公司研究部的预测，2024 年个人出行中的自动驾驶，将使二氧化碳年排放减少约 1.18 亿吨。

数字经济在促进绿色低碳发展的同时，也需要加强自身的能耗治理问题。数字经济并非天然完全契合绿色发理念。数字经济的背后是极高代价的能源支撑，其中最突出的是高性能计算、大数据中心、移动通信基站等算力和新基建耗电量巨大。此外大量的服务器设备利用率很低，造成了算力资源和电力资源的浪费。工信部统计数据显示，全国数据中心约有 7.4 万个，每年耗电量大概为 1400 亿千瓦时，达到了上海市全社会用电量，甚至比三峡水电站一年的发电量还要多。据统计，全球数据中心耗电量占总耗电量的 1.1%～1.5%；① 一个大型数据中心的电费占据了约 70% 的运营成本，全球数据中心每年电力消耗相当于 8 个三峡水电站的发电量。5G 基站耗电量也同样不可小觑，有专家测算，到 2026 年，5G 基站耗电量占全社会用电量的 2.1%，耗电量将达到 2100 亿千瓦时。

随着数字经济的深入发展，信息基础设施的用电量将进一步提升，因此必须加强信息技术设施的能源革命，加强区域布局引导，大力推进“东数西算”工程，要着力将数据中心向能源富集、气候适宜的地区布局，提高可再生能源在大型数据中心的使用比例，加快构建数据中心、移动基站

---

① 工业和信息化部、国家机关事务管理局、国家能源局：《国家绿色数据中心试点工作方案》（2015）。

等信息技术设施的绿色集约、用能高效、节能显著的运行格局。到 2025 年，要将全国新建大型、超大型数据中心平均电能利用效率降到 1.3 以下，国家枢纽节点进一步降到 1.25 以下，绿色低碳等级达到 4A 级以上，5G 基站能效提升 20% 以上①。在信息基础设施实现绿色高质量发展基础上，全面支撑各行业特别是传统高耗能行业的数字化转型升级，更好发挥数字技术作用，促进绿色发展，助力实现碳达峰、碳中和的目标。

数据中心的 PUE 值

数据中心 PUE（power usage effectiveness）值即电源使用效率值，是数据中心消耗的所有能源与 IT 设备负载消耗的能源的比值（PUE = 数据中心总能耗/IT 设备能耗），是衡量数据中心电力使用效率的关键指标之一，已经成为国际上比较通行的数据中心电力使用效率的衡量指标。PUE 值越接近于 1，表示一个数据中心的绿色化程度越高。PUE 值被广泛关注是因为数据中心耗电量猛增，数据中心碳排放已经成为最大的温室气体排放源之一，且排放势头还在随着数字经济的发展呈快速上升趋势。如果不加以控制，将会形成一个巨大的社会能源问题。降低 PUE 值的主要方法有采用绿色 IT 技术、利用可再生能源、优化土建工程架构、提高设备利用率等。国际上一些科技公司还采用将数据中心建在地下岩洞、海水之中等方式，通过自然降温提高数据中心用能效率。目前，我国超大型数据中心的 PUE 均值为 1.46，部分较先进绿色数据中心的 PUE 值可达 1.2 ~ 1.3②，仍然存在较大的优化空间。

除 PUE 值外，衡量数据中心用能效率还有水利用率（WUE）、碳排放强度（CUE）和可再生能源利用率（RER）等绿色低碳评价指标。其中碳排放强度是指用于测量每天数据中心的碳使用量。最完美的 CUE 值是 0.0，这意味着在数据中心运营中没有产生任何碳排放。这一指标可以引导数据中心提高可再生能源的使用。

---

① 国家发展改革委、中央网信办、工业和信息化部、国家能源局：《贯彻落实碳达峰碳中和目标要求 推动数据中心和 5G 等新型基础设施绿色高质量发展实施方案》。

② 中国电子技术标准化研究院：《绿色数据中心白皮书 2020》。

四、以开放为发展模式

产业界有一句话叫“一流企业做标准，二流企业做品牌，三流企业做产品”，说明了企业软实力的极端重要性。数字技术与实体经济加速融合，引发了企业经营活动和竞争模式的巨大变化，生态型企业成为更具创新活力的企业组织形态。2022 年，全球市值前五的公司除阿美（沙特阿拉伯的石油公司）之外，分别是苹果、微软、Alphabet（谷歌母公司）和亚马逊，都是数字科技公司，充分说明了数字经济的巨大发展潜能。同时这四家公司都是生态型公司，都掌握着操作系统等基础软件的核心技术，并以此为基石形成了巨大的产业生态体系，站在了全球价值链的顶端。腾讯、阿里巴巴等国内龙头企业也都是生态型公司，企业的核心技术体系、生态体系也呈现越来越开放的趋势。华为着力打造鲲鹏体系、鸿蒙生态的模式，也是按照开放生态的路径进行推进的。在数字经济时代，“超一流的企业做生态”，成为更高级的“创新赛道”。

数字经济的开放内容，包括数据开放、平台开放、技术开放、生态开放、国际开放等。在这个过程中，龙头公司发挥着十分重要的作用。在数字化条件下，一个企业只专注于做好内部生产经营管理的数字化转型和创新已经是不可能的事情了，因为数字化创新涉及的关键数据、关键技术、产业上下游资源都是在企业组织外部的，开放成为加快数字化转型、抢抓数字化机遇的必由之路。龙头企业在促进产业链供应链数据开放共享、提升平台生态开放，甚至直接采取开源模式开放基础软硬件源代码的过程中发挥引领作用，逐渐成长为生态型企业，最终形成开放发展、生态共生、产业共赢的发展格局，这是利国、利产、利企的大好事。从国际上看，越来越多的科技巨头正在大力开展开源模式。Linux-ARM 架构已经能够与

Wintel 架构并驾齐驱。随着 Linux 成为主流开源操作系统，越来越多的数字企业摒弃闭源系统转而采用开源创新模式。

当然，数字经济开放发展之路必须建立在安全的基础之上，没有安全保障的无原则开放必然会丧失发展的主导权。但如果为了追求绝对安全或者由于外部国际科技合作环境的变化就关上开放的大门，也就陷入了“因噎废食”的低水平封闭创新状态，最终会制约数字经济的发展质量。

>> 开源创新模式

“开源模式”是指依托开源社区、遵循开源协议、多方共同开发、源代码开放共享的软件开发新模式。在汇聚创新要素、广纳研发人才、快速应用迭代、构建产业生态等方面具有显著的比较优势。开源模式出现于 20 世纪 90 年代，早期主要由少数追求自由与共享的软件开发领军人物出于个人兴趣推动。经过 30 多年的发展，开源模式在快速占领市场、广汇研发人才、绑定下游应用、掌控产业生态等方面形成了巨大优势。国际咨询公司高德纳（Gartner）研究数据显示，当前 99% 的商业软件含有开源组件，75% 则直接由开源代码组成。近年来，开源创新模式成为国际巨头争夺软件产业生态主导权的“金钥匙”。例如谷歌公司 2005 年收购手机开源操作系统掌控了安卓产业生态；甲骨文公司（Oracle）2010 年收购了开源数据库 MySQL，增强了在数据库领域的领先地位；微软公司 2018 年收购了全球代码托管平台 Github；IBM 公司 2018 年 10 月收购了开源软件供应商红帽（Red Hat）增强了在服务器市场的竞争力。通过开源布局控制软件产业生态的主导权，已经成为开源创新模式发展的主要动力。

五、以共享为发展目标

发展数字经济还必须贯彻共享理念，实质上就是要坚持以人民为中心的发展思想，并充分发挥数字经济的要素共享的显著特征，充分调动社会各行业领域共享、共创、共赢，抢抓数字化发展机遇，不断做大数字化的“创新蛋糕”，让人民群众共享数字经济发展成果。数字经济具有要素共享、泛在连接、智能配置、跨域配置、扁平协同的显著比较优势，可以让更多的人以更加公平的方式、更小的代价、更便捷的方式参与到数字经济的创新创业之中。美团研究院的《骑手职业特征与工作满意度影响因素分析》（2021）数据显示，2021 年，美团外卖平台的骑手 77% 来自农村，约 1/4 来自国家原贫困县。这些骑手通过招聘网站找到工作之后一两天就能够上岗，十分便捷地成为数字经济的参与者。

让广大人民群众共享数字化发展红利、促进共同富裕是数字经济发展的重要目标之一，依托数字经济的新模式、新业态、新岗位实现更加充分、更高质量就业。数字经济的一个非常重要的特征就是数据要素的可共享性，数据要素是共同富裕的重要“催化剂”。所谓授人以鱼不如授人以渔，高质量的共同富裕，必须是建立在人的全面发展基础上的，是内生型、赋能型的共同富裕，而不是帮扶型的共同富裕。如图 3 – 3 所示。这就需要充分发挥数字化的创新作用，通过数字政府和数字社会建设提供包容的数字化环境，提高人的数字技能和数字素养，逐步缩小数字鸿沟，实现人的全面发展。通过数字生态和数字生活的建设，共享数字化创新红利，最终通过数字经济的发展，实现高质量的共同富裕。而在此过程中，数据无疑发挥着至关重要的作用。数据是取之不尽、用之不竭的生产要素，打破了自然资源有限供给对增长的制约，具有非排他性、非独占性、易共享性，为持续增长、永续发展、共享共赢提供了基础与可能，可以将“蛋糕”做得更大、更甜。

数据共享在促进共同富裕过程中能够发挥重要作用。一是通过数据赋能数字政府和数字社会建设，构建数字化包容环境，提供优质普惠的数字

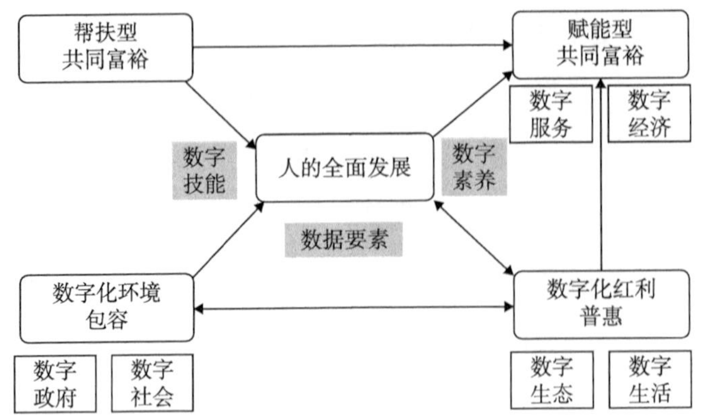

图 3－3　数字经济赋能共同富裕

化公共服务，弥合城乡之间、东西部之间的数字鸿沟，提升人的数字技能和数字素养，促进人的全面发展。二是在数字经济环节，发挥数据要素可共享的特点，构建更平等的生产关系，形成更高水平的生产力，实现更平等的财富分配，扩大中等收入群体规模。同时，企业主体之间的要素共享也将激发出更多新模式新业态和经济活力，提供更多高价值创造和高工作收入的机会，提供更多的就业岗位。

>> AI 豆计划

AI 豆计划是支付宝公益基金会、阿里巴巴人工智能实验室联合中国妇女发展基金会启动的一项产业扶贫公益行动，通过人工智能产业释放出的大量就业机会，探索"AI 扶贫"的公益新模式扶贫产业行动。该计划首个试点地区在贵州省铜仁市万山区，通过提供免费职业培训，让贫困群众尤其是女性成为"人工智能培育师"，在家门口实现就业脱贫。这些从业者不需要背井离乡，她们受训上岗，为人工智能机器学习进行数据的分类和标注工作，让机器可以快速学习和认知文字、图片、视频等内容，成为一名"人工智能培育师"。

第二节　产业数字化：数字经济发展的主阵地

产业数字化是数字技术赋能实体经济的过程，是数字经济发展的核心和重点，是推动制造业、服务业、农业全方位、全角度、全链条转型升级的关键。根据国家统计局的分类，产业数字化是指核心产业分类第五大类数字化效率提升业，指应用数字技术和数据资源为传统产业带来的产出增加和效率提升，是数字技术与实体经济的融合。具体包括智慧农业、智能制造、智能交通、智慧物流、数字金融、数字商贸等中类，通过数字技术提高全要素生产率，形成放大、叠加、倍增的创新赋能作用。数字经济要成为经济发展的支柱，关键看产业数字化的发展水平。根据中国信通院的《中国数字经济发展报告（2022 年）》显示：2021 年，产业数字化规模达到 37. 18 万亿元，同比名义增长 17. 2%，占数字经济比重为 81. 7%，占 GDP 比重为 32. 5%，产业数字化已经成为我国数字经济发展的重点。

加快产业数字化发展，需要政府和产业协同联动，产业数字化和数字产业化融合。如图 3 –1 所示。从管理侧看，政府需要聚焦产业数字化转型中出现的市场失灵、资源错配、环境不优等问题，开展“上云用数赋智”等专项行动，出台企业数字化转型的优惠政策，构建良好的产业数字化发展生态，形成政策动力。从企业侧看，传统企业要从管理、研发、生产、营销等环节进行全方位的数字化转型，形成内生动力。从技术侧看，数字产业要发挥好技术赋能、数据赋能、生态赋能的作用，形成技术动力促进数字技术与实体经济深度融合。

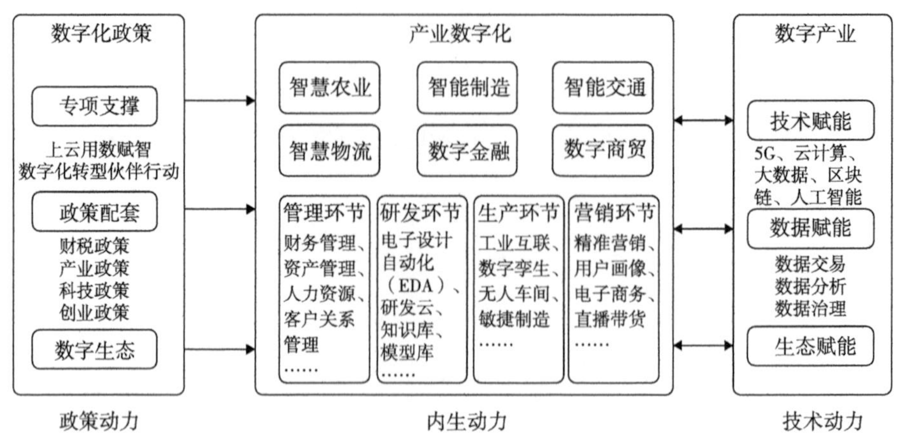

图 3-4　产业数字化协同发展路径

一、智慧农业兜好发展底线

农业是我国发展的底线，既要兜牢更要高质量兜好。大力发展智慧农业，可以充分发挥技术赋能的作用，驱动靠天吃饭的传统农业向数字化农业转变，逐步构建现代农业体系，对于稳住农业基本盘，确保农业稳产增产、农民稳步增收、农村稳定安宁具有十分重要的作用。从国家统计局最新发布的数字经济及其核心产业统计分类来看，智慧农业涉及种植业、林业、养殖业、育种等小类。在种植业和林业方面，利用遥感、地理信息系统、全球定位系统、物联网、人工智能、大数据、云计算、无人机等现代信息技术和智能化数字技术对土壤、地形、地貌、温度、湿度、农作物状态、林业状态进行全方位精准监测，实现种植业、林业的等相关生产活动的自动化、智能化。例如，构建数字化蔬菜大棚、建设林产业大数据平台。在养殖业方面，利用射频识别（RFID）、自动进食、人工智能、大数据、云计算等现代信息技术，实现对牲畜饲养、家禽饲养、水产养殖、畜禽粪污处理等畜牧活动的自动化、智能化。例如，构建数字化牲畜养殖场、数字化鱼塘及海洋牧场。在新技术育种方面，利用数字化、信息化、智能化等手段，对种植业、林业、畜牧业、养殖业等行业开展科学育种育苗。例如，建设数字化育种实验室。

除上述行业之外，要继续利用一系列数字化手段对农、林、牧、渔业的生产经营活动进行数字化管理。例如，推进“三农”综合信息服务体系建设。国家十分重视农业生产的可持续、再利用、生态化。智慧农业的发展推动着信息感知、数据采集等感知终端在农业生产、环境监测、生物本体识别、植物病虫害和动物疫病防治以及畜禽水产养殖、渔船动态监控、质量安全管控等方面的应用部署加速进行。满足农业发展的同时还要重视对环境的保护，建设农业农村监测网络，搭建农产品质量追溯、渔政执法远程监控和水生生物资源监测平台，要兜好发展底线还要守住“绿水青山就是金山银山”的生态发展底线，实现“智慧农业 + 生态农业”的双重发展目标。

>> 海洋牧场 3.0——数字化管理平台让海洋牧场更智慧

海洋牧场是在特定海域，通过增殖放流、生态养殖等措施，构建或者修复海洋生物繁殖、生长、索饵或者避敌所需场所，增殖养护渔业资源，改善海域生态环境，实现渔业资源可持续利用的模式。我国高度重视现代化海洋牧场建设与发展。自 2017 年起，中央一号文件多次强调建设和发展现代化海洋牧场，“十四五”规划中提出要“优化近海绿色养殖布局，建设海洋牧场，发展可持续远洋渔业”的宏伟目标，2021 年我国发布了《海洋牧场建设技术指南》国家标准，要求以数字化和体系化为驱动力建设海洋牧场 3.0。截至目前，国家级海洋牧场示范区已达 153 个，覆盖渤海、黄海、东海和南海，在未来海洋牧场 3.0 中引入物联网、传感、云计算等新技术，在运行中高度智能化、数字化、网络化和可视化，从而使得海洋牧场具有更高生产效率、环境亲和度和抗风险能力。

二、智能制造做优“中国智造”

智能制造是产业数字化的重中之重，是数字技术与实体经深度融合的关键环节。大力推动制造业的数字化、智能化转型将助力我国制造业高质量发展，实现由传统制造业大国向制造业强国的转变，取得“中国智造”的更高目标创新突破。根据国家统计局发布的数字经济及其核心产业统计分类来看，智能制造分为四小类，分别是数字化通用、专用设备制造，数字化运输设备制造，数字化电气机械、器材和仪器仪表制造和其他智能制造。数字化通用、专用设备制造是指利用数字孪生、人工智能、5G、区块链、VR/AR、边缘计算、试验验证、仿真技术等技术和设备，在通用、专用领域开展的生产和制造活动。例如，建设全智能化、自动化机器人制造业流水线、开展以用户需求为导向的个性化定制和订单式生产模式。要广泛普及数字化运输设备制造。数字化运输设备制造是指利用数字技术和设备实现运输设备的全自动、智能化快速生产。例如，建设智能化高速动车组生产基地、大飞机制造等。要进一步精细化电气机械、器材和仪器仪表制造。数字化电气机械、器材和仪器仪表制造是指利用数字技术在电气机械、精密仪器仪表等领域开展“精益求精”的生产和制造。例如，建设精密仪器柔性化生产线。对制造业进行数字化、智能化改造升级，关键在于核心技术攻关、示范工厂建设、行业数字化网络化改造、新装备创新发展、工业软件突破提升以及行业标准制定等重点任务的完善和完成，进而逐渐夯实“中国智造”的基础。

>> 智能制造的基石——工业机器人

智能制造是以人工智能、大数据、工业互联网、数字孪生等技术为依托，实现制造流程、制造装备、制造工艺数字化、网络化、智能化的新型制造模式，是技术、知识、数据集成创新的成果。智能制造包含智能制造技术和智能制造系统，其中处于核心地位的是工业机器人。

用人工智能技术代替高危险、高精度、高强度、高频度的工作岗位和生产环节是制造业数字化转型的必然趋势，工业机器人将在制造业智能化、数字化转型中发挥主导作用，成为智能制造和智慧工厂的核心装备。以全国制造业转型升级综合试点城市佛山为例，该市现有制造业企业 19 万家，主导产业中陶瓷、空调、冰箱、铝型材等产量常年位居世界第一。2021 年佛山全市工业机器人产量为 23482 台，同比增长 96.4%，占全国比例约 6.42%，全市工业企业截至 2021 年底累计应用工业机器人近 2 万台。

三、智能交通畅通国内循环

交通运输行业的现代化是国家现代化进程的一个重要方面，决定了人民出行的方式和便捷程度，是一个国家实现强国目标的必要保证和基本条件。5G、大数据、人工智能、区块链等新技术与交通行业的深度融合正在全方位展开。新技术在交通领域展现出的强大赋能能力，为实现“人民满意、保障有力、世界前列”的交通强国目标奠定了坚实的数字底座。根据国家统计局发布的数字经济及其核心产业统计分类来看，智能交通涉及铁路、公路、航空、港口及其他特殊运输方式五个小类。充分利用数字化技术和互联网平台，可实现对铁路、公路、水路、航空进行运输、调度、经营、维护及其他相关辅助管理活动的网络化、数字化、智能化，实现电子地图全面覆盖、电子客票全面普及、运单全面电子化，在保障安全的前提之下，实现智能、高效、完善的智能化交通体系。例如，打造智慧车站、智能公路管理体系、智慧停车场、智慧港口、数字航道、智慧民航等。同时，还可以借助数字技术和互联网平台构建海底和陆地管道运输体系，实现两者互联互通、快速转运的复合运输活动。智能交通以数字化、智能化为基础，以提高运输效率为导向，实现运输工具、运输基础软硬件设施、运输监管等的全面电子化、智能化升级，从而构建综合智能化交通运输网络体系，为托底经济增长，保障国家安全，畅通国内循环，促进国内国际双循环，扩大内需，为后疫情时代经济快速恢复、发展提供必要保障。

>> 数字技术赋能未来智慧之路

智能交通包括智慧高速、智慧城市交通、智慧轨道交通、智慧民航、智慧港口等丰富的应用场景，具有广阔的创新空间，对于畅通国内经济大循环、促进交通物流降本增效具有重要作用。

江苏省加快智慧公路建设，2021 年，建成了五峰山“未来高速”公路。该项目推进了建筑信息模型（BIM）、大数据、物联网、云计算等技术与高速公路建设深度融合，建立起全息感知的数据采集及传输系统、全数字管养平台、智慧工地信息化管理平台，让高速公路变得越来越智慧，能够保障全天候条件下行车安全，全面提升了高速公路服务能力和数字化运维能力。通过数字化技术赋能，可实现大雾天不封路、冰雪天自动融雪、沥青路面自我控温养护、服务区车辆无线充电、交通事故智能感知处置等智慧化管理运营能力。未来还将出现集 5G 车路协同环境下的无人驾驶、匝道合流警示、分流诱导等 20 多种新功能于一体的智慧高速公路。

四、智慧物流促进降本增效

智慧物流是数字经济的重要有机组成部分，具有高效匹配供需、优化仓储配置、降低运营成本、绿色低碳运行的显著优势，是现代物流发展的大趋势，也是我国由物流大国向物流强国迈进的必由之路。近年来，我国物流业数字化转型取得显著进展，数字技术推动了物流产业向数字化、智能化发展。根据国家统计局发布的数字经济及其核心产业统计分类来看，智慧物流分为两个小类，包括智慧仓储和智慧物流。根据我国物流产业的特点和发展现状，要以信息化技术为依托来实现装卸搬运、仓储服务、邮政快递服务的全智能化、数字化，构建智慧仓储、智慧物流。要加快对传统物流设施的数字化改造升级，特别是对乡村地区的物流设施的改造，促进现代物流业与农业、制造业等产业融合发展。还要加快建设跨行业、跨区域的物流信息服务平台，实现物流信息的实时共享，进一步降低物流的时间成本和资金成本。要以建设“互联网+物流”为特征的智慧物流产业链为目标，实现物流平台数字化，做到物流运输轨迹全程可追溯，人、车、货精准对接；实现仓储平台自动化，做到无人化货物仓储、无人化货物分流，做到全程自动分拣；实现配送平台智能化，做到无人化配送、智能快件箱、农村智运快线便捷“最后一公里”。在快速高效无误地将货物送至用户手中的同时，降低物流成本、减少不必要损失，实现降低社会物流成本、推动物流业提质增效的最终目标。

>> “互联网+”政策加持，智慧物流热度不减

近年来，我国不断出台一系列政策鼓励扶持物流行业向智能化、数字化转变，为智慧物流的发展营造了良好的政策环境。2015年国务院积极推进“互联网+”行动的指导意见，将“互联网+”高效物流明确为重点行动领域。2016年7月，国务院常务会议部署推进“互联网+”高效物流，以现代信息技术为标志的智慧物流已成为物流业供给侧结构性改革的先行军。2019年，中共中央、国务院正式发布了《交通强国建设纲要》，提出“发展‘互联网+’高效物流，创新智慧物流营运模式”。

以京东物流和顺丰集团为例，两大集团的仓储物流业务发展过程是国内智慧物流发展的缩影。京东物流在物流仓储方面建设无人仓、无人分拣中心等智能设施，打造无人电商运营中心、全数字化无人仓储体系；在运输配送方面，相继发布无人配送车和L4级别无人重型卡车，实现无人化配送并解决了配送“最后一公里”的难题。顺丰集团在仓储环节引入了机器人和物联网技术，通

过智能分拣提高效率，降低分拣员的劳动强度；在配送环节，AT200 物流无人机的成功首飞使无人机配送体系的建立指日可待。

智慧物流助力物流行业快速发展，极大地降低了制造业、物流业等行业的成本，切实提高了企业的利润，生产商、批发商、零售商三方通过智慧物流相互协作，实现信息共享，也体现了现代化经济体系高质量运行的需要。

五、数字金融提升配置能力

近些年，随着数字相关技术的不断发展，数字金融的发展如火如荼，数字金融和金融科技正在对金融服务业进行重塑与再造。从业界的实践来看，数字金融、金融科技有效提高了金融服务的效率，改善了用户体验，提升了金融服务的覆盖率、可得性与满意度，有力支持了普惠金融的发展，同时还大幅降低了成本与风险。根据国家统计局发布的数字经济及其核心产业统计分类来看，数字金融包含四小类，涵盖银行金融、数字资本、互联网保险和其他数字金融相关服务，为新时期的数字金融和金融科技发展勾勒蓝图、明晰脉络。借助数字化技术和互联网平台，实现银行金融服务、数字资本市场服务、互联网保险及其他数字金融服务行业的业务、监督、审查的电子化、智能化，推动银行发放贷款、理财、监管等服务活动以及证券市场服务、公开募集证券投资基金、非公开募集证券投资基金、期货市场服务、证券期货监管服务、资本投资服务和保险机构的保险经营活动实行电子化。坚持金融活动全部纳入数字化监管平台，加强动态监测，规范数字金融有序创新，严防衍生业务风险。通过数字金融的不断发展完善，实现对金融市场的数字化管理。借助数字化、智能化手段，能够对金融资源配置效率的提升、缓解信贷市场存在的“所有制歧视”和“规模歧视”、对金融体系的全方位监管等起到巨大的促进作用，进一步实现提升资源优化配置能力的目标。

>> “信易贷”助力中小微企业普惠金融发展

为解决中小微企业融资难、融资贵问题，按中共中央办公厅和国务院办公厅《关于促进中小企业健康发展的指导意见》和国家发展改革委、银保监会《关于深入开展“信易贷”支持中小微企业融资的通知》等文件要求，国家公共信用信息中心在国家发展改革委的指导下，依托全国信用信息共享平台搭建了全国中小企业融资综合信用服务平台（简称全国信易贷平台）。

“信易贷”推出的主要目的是破解中小微企业融资难题，畅通金融体系和实体经济良性循环，促进信用建设水平发展。通过与各地方政府合作，“易信贷”为当地中小微市场主体授信成功的案例比比皆是。例如，“信易贷·渝惠融”品牌从创建至今，已帮助重庆市100多家中小微市场主体成功授信超1亿元并实现城乡区域全覆盖；厦门市依托“信易贷”平台，向港航企业推出“港航信易贷2.0”专属产品，自2020年上线以来已为34家港航企业融资授信4.66亿元。

“信易贷”系统金融产品丰富，操作简易便捷，具有在线申请贷款、一键预授信测额度、掌上查看贷款进度等功能，便于中小微企业和农业经营主体注册使用。为了更好适应金融市场发展，下一步将按照“一企一策”原则，协调解决企业融资难题，力争在风险可控的前提下，为企业提供最大力度的金融支持。

六、数字商贸激发市场活力

2020年新冠肺炎疫情的暴发对商贸、餐饮、住宿等行业都造成了严重的冲击，需求端持续萎缩，同时全球保护主义盛行，对贸易流通的影响巨大。数字技术在这种特定情况下成为拉动商贸及服务行业的重要引擎，对相关行业的拉动、稳定作用明显。大力推动数字商贸发展，充分发挥数字技术抵御疫情影响的创新赋能作用，加快推动商贸、服务等领域的相关企业的数字化转型，对于做好“六稳”“六保”，激发商贸市场活力具有重要意义。根据国家统计局发布的数字经济及其核心产业统计分类来看，数字商贸包含六小类，涵盖批发、零售、住宿、餐饮、租赁及商务服务产业。要利用数字化技术在商品流通环节中实现批发零售、住宿餐饮、租赁、商务服务行业的数字化、智能化。提升贸易数字化水平，引导批发零售、住宿餐饮、租赁和商务服务等传统业态积极开展线上线下、全渠道、定制化、精准化营销创新，完善物流链、批发零售业供应链体系和服务体系，创造方便快捷的消费方式和精准交互的消费体验。例如，构建批发信息平台、智能零售系统、共享出行、餐饮外卖、团购、在线购药、共享住宿、电子商务等。运用一系列数字化、智能化消费服务手段积极引导传统商贸企业提升数字化应用能力，加快线上线下融合发展步伐，支持商圈商贸步行街运用数字技术连接百姓消费端、企业端，线上赋能引流，线下体验服务，提升消费者体验感、商户经营效率和商务服务能级，不断激发市场活力。要利用数字应用激发消费活力，开展“生活消费券”“直购满减”“网上购物节”等活动，结合线上线下融合的数字经济发展模式以及商业、生活服务业的数字化转型，提升消费品质，推动数字生活高质量发展。

浙江省构建数字贸易平台，畅通国际贸易链

为了应对新冠肺炎疫情对外贸行业的冲击，浙江省构建数字贸易综合服务平台，帮助中小微外贸企业实现产品、订单、售后的数字化全流程追踪，通过提升数字链接线上线下能力，挖掘新需求培育新市场，畅通国际产业链供应链。降低了企业外贸成本，加快复工复产速度，提升企业生产率，加快企业外贸订单流动速度，保障了企业产品和服务的稳定出海，实现了订单数和交易额的“双丰收”。除了通过构建数字化贸易平台实现对企业在外贸上的帮扶，浙江省还通过数字化前移宁波舟山港港口功能和船务资源、开放全流程电子政务等多种方式保障国际物流链的畅通，实现了外贸流通环节全数字化办理模式。

通过数字平台和数字物流等多方面的保障，浙江省国际贸易水平总体保持稳中向好态势，同时外贸的数字化水平进一步提升，2022 年 1 月至 5 月，浙江省实现进出口 1.83 万亿元，增长 17.6%，其中出口 1.34 万亿元，增长 21.4%，增速居全国前列。为我国的外贸行业的数字化、智能化做出了示范。

第三节　数字产业化：数字经济发展的驱动力

数字产业化是综合应用云计算、大数据、人工智能、5G、区块链等新一代信息技术，培育新技术、新模式、新业态、新动能的创新过程，并在这一过程中形成了数字产业。数字产业是数字经济发展的技术动力源泉，是数字经济的核心产业，属于数字经济的技术供给侧。数字产业的质量和规模是数字经济核心竞争力的集中体现。一个国家和地区数字经济发展势力强不强，不能仅看规模，更要看数字技术的创新成色和自主水平。中国信通院的《中国数字经济发展报告（2022 年）》数据显示，2021 年，我国数字产业化规模为 8.4 万亿元，同比名义增长 11.9%，占数字经济比重为 18.3%，占 GDP 比重为 7.3%。数字产业化发展正经历由量的扩张到质的提升的转变。

根据国家统计局的划分方法，数字产业化是数字经济核心产业，对应该划分方法的前四大类，主要包括计算机通信和其他电子设备制造业、电信广播电视和卫星传输服务、互联网和相关服务、软件和信息技术服务业等，覆盖《国民经济行业分类》中的 26 个大类、68 个中类、126 个小类，即通常意义上说的信息产业。数字产业化在数字经济发展中，主要有业态创新、行业变革、产业赋能、技术创新四个发展方向。如图 3－5 所示。

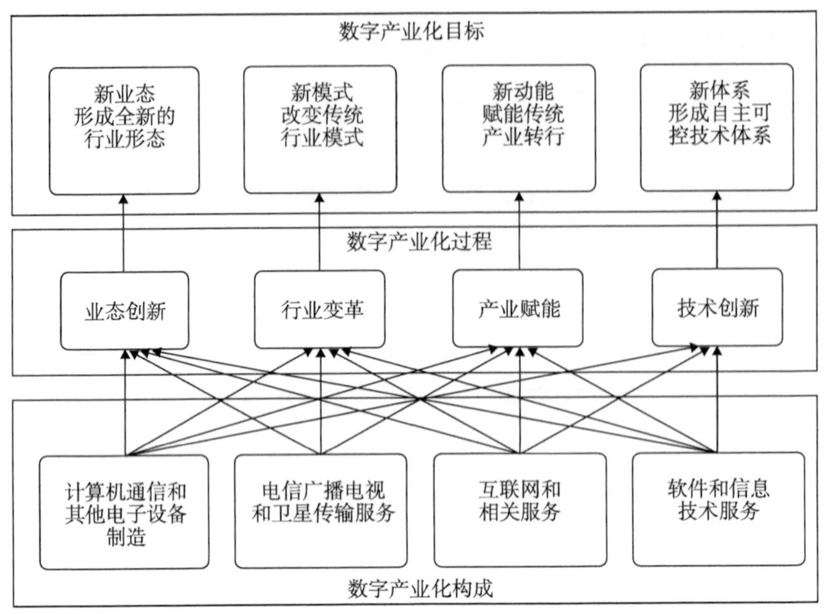

图 3－5　数字产业化的四个发展方向

其中，业态创新形成"新物种"、新业态，是纯增量型业态创新。行业变革则是对现有行业规则进行重塑从而形成新模式，对传统行业具有替代和挤出效应。产业赋能则是主要以数字化解决方案提供者的角色，为传统行业提供服务，和传统行业是甲乙方关系。这三类数字产业化都是在应用层面的。技术创新是指在数字经济相关核心技术层面的创新，形成自主可控的技术体系。这四类发展方向的创新规律和模式路径是不同的，对创新要素的要求也不尽相同，需要分类施策推进。当前，各地方的数字经济规划中均对数字产业化进行了部署，也需要结合地方产业基础和实际，选准数字产业化的方向和着力点。

一、创造形成"新物种"，培育新业态

数字产业化的一个方向是利用数字技术形成经济社会生活中原来没有

的新行业、“新物种”，例如社交网络（SNS）、共享单车行业、数据标注行业、云计算行业、在线游戏行业等，在不影响传统行业的前提下实现了增量式变革。这直接体现在新职业上，最新颁布的《中华人民共和国职业分类大典》首次标注了数字职业（标注为S），从数字产业化和产业数字化视角，从数字语言表达、数字信息传输、数字内容生产三个维度，标注了97个数字职业，包括人工智能训练师、无人机驾驶员等新职业，这些新职业背后就是万花筒般的数字经济新业态。

数据标注行业就是典型的“新物种”、新业态。所谓的数据标注即利用人的判断力，辅助开展人工智能图像识别等算法问题。从数据的收集、清洗、标注到校验都离不开人工，有业内人士戏言“有多少智能，就有多少人工”，这就催生了数据标注行业。这些人力为人工智能产业提供养料，构建了人工智能金字塔的基础。目前，我国数据标注产业已经形成一定的规模。国家企业信用信息公示系统数据显示，截至2022年6月底，全国共有数据标注企业799家，覆盖了31个省、自治区、直辖市（如表3－1所示），数据标注行业呈现了全国全面开花的新态势，同时，数据标注行业分布也反映了不同地区人工智能创新应用的活跃程度。从排名上看，北京、广东、江苏、上海、浙江等省（直辖市）排名靠前，反映了这些地区人工智能行业发展十分活跃。

表3－1　数据标注企业全国分布表

序号	省、自治区、直辖市	数据标注企业数量/家	序号	省、自治区、直辖市	数据标注企业数量/家
1	北京	162	17	贵州	14
2	广东	135	18	江西	13
3	江苏	64	19	天津	11
4	上海	53	20	辽宁	11
5	浙江	46	21	新疆	8

续 表

序号	省、自治区、直辖市	数据标注企业数量/家	序号	省、自治区、直辖市	数据标注企业数量/家
6	山东	39	22	吉林	8
7	河南	30	23	内蒙古	7
8	安徽	26	24	宁夏	5
9	湖北	23	25	云南	4
10	山西	21	26	海南	4
11	河北	21	27	甘肃	4
12	四川	19	28	西藏	3
13	陕西	17	29	青海	3
14	福建	16	30	广西	2
15	重庆	15	31	黑龙江	1
16	湖南	14		合计	799

数据标注对从业人员能力要求不高，直接带动了大量的就业。一些数据标注企业基于人力成本考虑，把企业布局在人力资源充足、劳动力成本低的地区，同时带动了当地就业，取得良好的社会效益。当然，数据标注也并不全是简单的重复劳动，在一些专业背景强的领域，也对从业人员素质提出了很高的要求。比如，在智慧医疗领域，标注员需要做医疗图像的分割，把肿瘤区域标出来，类似工作就需要能看懂片子的医生完成。再比如，处理地方方言或外国文字，需要的也是掌握相应语言的标注员。

二、变革传统行业规则，激发新模式

数字产业化推动了现有传统行业的业务模式和规则的改革，改变了传统商业模式。其中，最典型的是电子商务，它利用互联网技术跨时空优势改变了商业活动的手段、模式、规则。在线购物必然会在一定程度上影响线下购物，联合国贸易与发展会议的数据显示，新冠肺炎疫情暴发后全球互联网用户在线购物比例升至 60%，在线购物进一步替代线下购物。在这一创新场景下，数字产业化对传统行业具有一定的替代和挤出效应，数字化技术在不断驱动商业模式创新。比如，近年来直播带货等新业态对传统电商平台也形成了较大的冲击。

经过10多年的发展，我国电子商务行业日益成熟，用户网络购物的消费习惯已逐步形成。商务部数据显示，2021年，我国实物商品网上零售额首次突破10万亿元，达10.8万亿元，同比增长12%，占社会消费品零售总额的比重达到24.5%。但是在日新月异的数字经济领域，电子商务平台已经被冠以“传统”的前缀，网络直播已成为“新风口”，这充分体现了数字产业化的巨大创新活力在不断地变革行业规则。直播带货最早出现于2016年，是电子商务的新模式，可以帮助消费者提升消费体验，为许多质量有保证、服务有保障的产品打开销路。2020年，人力资源和社会保障部将其纳入新的职业范围，正式名称是“互联网营销师”。2020年，新冠肺炎疫情暴发驱动了直播带货大发展，全年规模达到9610亿元。一些头部网红播主取得惊人的商品销量，各直播带货平台也不乏年收入过百万、上千万甚至过亿的主播，直播带货逐渐成为自由职业者青睐的工作。根据中商产业研究预测，2022年，直播带货市场规模有望达到1.5万亿元。同时，直播带货行业发展过程中也出现了虚假宣传、伪劣产品、偷税漏税、马太效应等突出问题，需要在加强规范监管的前提下健康发展。

汽车“新四化”创新是数字产业化变革传统行业的另一典型场景。自1886年世界上第一辆汽车诞生以来，汽车工业体系已经十分成熟，技术创新呈逐渐放缓趋势。近30年信息技术和互联网的发展，让汽车产业正在面临变化。数字技术为汽车领域带来了技术创新的鲇鱼效应，电气化、网络化、智能化、共享化成为下一代汽车发展的新方向。推动汽车“新四化”的主要力量是数字科技企业或者以数字技术为核心竞争力的“造车新势力”，从国外的苹果、特斯拉公司到国内的百度、小米、华为等科技巨头纷纷加快布局汽车新赛道。手机巨头三星集团尽管还没有制造汽车的计划，但是为诸多车企提供芯片、电池、显示屏、摄像头等零部件。“电气化”驱动汽车动力变革，由依靠石油驱动转变为依靠电力驱动。“网络化”驱动汽车生态变革，由一个封闭的运行系统转变为移动的智能终端，为无人驾驶、车载智能应用奠定了坚实的网络基础。“智能化”驱动汽车控制变革，由依靠人员驾驶转变为智能辅助驾驶和无人驾驶，直至成为一个多功能的移动智慧舱。形象而言，未来人们不是在开车，而是坐在一台超大的移动智能终端中行进。“共享化”则是共享经济模式在汽车领域的应用，主要指汽车共享和移动旅行等。可以预见，在不久的将来汽车制造的版图将发生巨变。传统汽车工业对新技术的拥抱谨小慎微，无法快速变化，将面临巨大的创新挑战。“所有的行业都值得用数字化手段重新做一遍”，这一判断也许绝对，但是确实反映了数字化变革的大趋势，若传统产业不主动变革，将面临被淘汰的严峻挑战。数字化变革是必选项，唯一的区别是“等别人革你的命，还是你先自我革命”。

>> 未来，我们也许是坐在“大手机”里出行

在造车新势力领域，有一句话叫“不造手机的大佬，以后造不好汽车”。在汽车“新四化”的技术变革下，大量的手机设计理念和技术正在被应用在汽车领域。苹果、华为、小米等手机企业正在加紧布局汽车领域业务，而也有汽车企业要生产手机，比如吉利汽车公司收购了手机企业魅族，正式进军手机领域。特斯拉也在酝酿打造自己的移动操作系统 ElonOS，公开招募智能手表/手机的技术人才，计划在 2024 年推出首款特斯拉手机。这反映了技术融合的趋势，汽车、手机这两个在之前看似风马牛不相及的行业正在智能化的赛道上不断交融，逐步形成多终端、全场景、沉浸式体验的一体融合趋势。苹果公司的苹果汽车（Titan）设计方案中，汽车无方向盘、无制动踏板，具有四个朝内的

座椅，乘客可以彼此面对面交谈，安装了可升降的大型座椅靠背屏幕，实现同智能手机的一体联动，甚至还在探索允许乘客平躺在车内睡觉等诸多增加乘客舒适性体验的数字化、智能化设计方案，以使乘客得以拥有相比于传统汽车更好的乘坐体验。形象而言，未来的汽车也许更像一个超大的“四轮手机”，可以让“屏控人口”坐在沉浸式的数字世界中自由出行。

三、赋能传统产业转型，激活新动能

数字产业化是产业数字化的技术创新动力和推动实施主体，而产业数字化是数字产业化的重要目标市场之一。发挥数字产业化对传统产业的赋能作用，促进数字技术与实体经济深度融合，赋能传统产业转型升级，催生新产业、新业态、新模式，是不断做强做优做大我国数字经济的关键。这也是产业数字化和数字产业化深入融合的地方。软件开发和服务、系统集成等都是直接服务于产业数字化的。数字产业化的很多具体产业就是以产业数字化为目标市场的。在这一应用场景下，数字产业化和产业数字化如同一个硬币的两个面，数字企业和传统企业是甲方、乙方的合作关系。

数字产业化和产业数字化是相辅相成的，不能机械地将数字产业化和产业数字化孤立看待，要加强数字产业化和产业数字化的相互促进作用。从战略层面看，数字产业化和产业数字化分别对应网络强国战略和制造强国战略，在战略部署、政策文件、重大专项等方面都有大量彼此交叉、互为支撑的内容。从产业层面看，数字产业化和产业数字化分别是数字化转型的技术供给侧和场景需求侧。从空间形态上看，数字产业化是以“比特创新”为驱动的数字空间，产业数字化是以“原子创新”为驱动的物理空间，数字产业化必须最终作用于现实世界才能产生价值。二者互动融合关系如图 3－6 所示。

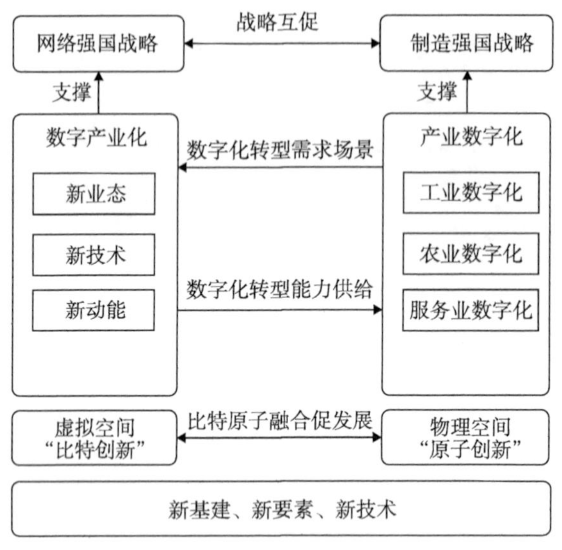

图 3-6　数字产业化与产业数字化互动融合

厘清数字产业化和产业数字化的关系，对于各地因地制宜推进本地数字经济发展具有重要意义。首先，数字产业是人才密集、技术密集型高端产业，区域集聚性较为明显。从全球范围看，世界级别的硅谷主要包括美国的旧金山、奥斯汀、波士顿、盐湖城、西雅图，印度的班加罗尔，英国的剑桥，芬兰的赫尔辛基，新加坡，法国的苏菲亚高科技园区以及以色列的特拉维夫。国内的数字科技高地主要包括北京、上海、香港、深圳等，《2021 年毕马威科技行业创新调查》显示，这四个城市有望成为全球十大科创中心，甚至有可能对美国硅谷构成挑战。这些地区和城市是真正能够以数字产业立身之地，是数字技术的策源地和输出地。对多数地区而言，它们都是数字技术的应用地，因此在推进数字产业化时，要重点聚焦在赋能传统产业的方向展开，以数字产业化为产业数字化提供更强劲的动能。

四、聚焦核心技术突破，构建新体系

数字经济是建立在关键核心技术基础之上的，数字技术的创新能力决定了数字经济的发展质量，只有高水平的数字产业，才会有高质量的数字经济。我国数字经济的最大短板是核心技术受制于人。发展数字产业，关键是提高数字技术的创新力度和成色，尤其要聚焦制约我国数字经济发展的“卡脖子”技术进行攻关迭代。

海关总署统计数据显示，2021 年，中国进口的芯片总量为 6354.8 亿个，同期增长了 16.9%，进口金额突破 4326 亿美元，同比增长 23.6%，均创下历史新高。我国高端芯片严重依赖进口的情况还较为突出。由于核心技术研发投入和风险大、投资回收期长、技术外部性强等特征，核心技术创新能力不足造成了我国数字技术企业偏重于在应用层面进行创新，在核心技术上较为依赖国际技术。

“十四五”时期，发展数字产业亟须突破的就是核心技术自主可控，要牵住自主创新这个“牛鼻子”，在芯片、操作系统、核心算法、工业基础软件等数字经济关键核心技术上实现高水平自立自强，形成安全可控的核心技术体系。为此，《“十四五”数字经济发展规划》明确将“增强关键技术创新能力”作为数字产业化的首要任务。从突破领域上看，主要聚焦在传感器、量子信息、网络通信、集成电路、关键软件、大数据、人工智能、区块链、新材料等战略性前瞻性领域。在创新路径上，提出要发挥我国社会主义制度优势、超大规模市场优势，以新型举国体制提高数字技术基础研发能力。在创新场景上，强调以数字技术与各领域融合应用为导向，推动行业企业、平台企业和数字技术服务企业跨界创新，优化创新成果快速转化机制，加快创新技术的工程化、产业化。从创新主体上看，鼓励发展新型研发机构、企业创新联合体等新型创新主体，打造多元化参与、网络化协同、市场化运作的创新生态体系。从创新模式上看，把握开源创新的新趋势，提出支持具有自主核心技术的开源社区、开源平台、开源项目发展，推动创新资源共建共享，促进创新模式开放化演进。基于上述举措，实现“数字化创新引领发展能力大幅提升”的发展目标。数字技术自主创新能力显著提升，数字化产品和服务供给质量大幅提高，产业核心竞争力明显增强，在部分领域形成全球领先优势。

>> 光刻机

光刻机（lithography）是制造芯片的核心装备。它采用类似照片冲印的技术，把掩膜版上的精细电路图形通过光线的曝光印制到硅片上。制造和维护光刻机需要以高精度的光学和电子工业为基础，世界上只有少数厂家掌握这些技术，光刻机是能够代表人类最尖端科技的精密技术装备。形象而言，5 纳米（nm）制程的光刻机可以在指甲盖大小的区域内精准地刻出一部《西游记》。世界上生产光刻机的厂家主要有荷兰阿斯麦尔公司和日本的尼康公司、索尼公司等。2021 年，集成电路制造用光刻机出货约 500 台，以上三家就占 478 台，其中阿斯麦尔公司不仅垄断了全球 80% 的高端光刻机，而且是最高端的极紫外光刻机（EUV）的唯一生产厂家，产量虽少，但单机价格高达 1.5 亿美元，销售额在公司内占比 48%。这些公司由于专利等问题，受美国长臂管辖，无法向我国出口高端光刻机。我国目前只有中低端光刻机生产能力，高端芯片受制于人的突出短板之一就是高端光刻机受制于人，这使我国的芯片制程在 14 纳米、28 纳米等档次，同世界最尖端的 3 纳米制程存在较为明显的技术代差。

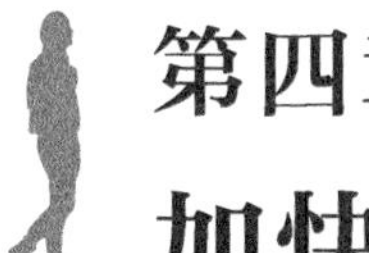

第四章 加快激活数据要素价值

数字经济时代，数据被列为和土地、劳动力、资本、技术并列的新型生产要素之一，是数字化、网络化、智能化的基础，对于发展数字经济、引领高质量发展、促进共同富裕等具有十分关键的创新赋能作用。充分激活数据要素价值，成为加快数字经济发展的关键举措之一。但是数据作为一种新型生产要素，也面临着确权定价难、有序流动难、贡献度量难等突出问题，亟须从法律、制度、技术等多元视角协同发力，形成符合数据要素发展规律的治理之道。2022 年 6 月 22 日，中央全面深化改革委员会第二十六次会议，审议通过了《关于构建数据基础制度更好发挥数据要素作用的意见》，习近平总书记在主持会议时强调，数据基础制度建设事关国家发展和安全大局，要维护国家数据安全，保护个人信息和商业秘密，促进数据高效流通使用、赋能实体经济，统筹推进数据产权、流通交易、收益分配、安全治理，加快构建数据基础制度体系。

第一节　数据要素的概念和特征

什么是数据要素？目前还没有形成权威的定义。在宽泛的理解中，人们往往简单地把数据和数据要素画上等号，这不利于厘清数据要素边界，分类分级推动数据要素价值的释放。激活数据要素价值，首先要明确数据要素的实质内涵和边界范畴。

一、数据要素需符合生产要素的一般特征

生产要素是经济学中的一个基本范畴，是指进行社会生产经营活动时

所需要的各种社会资源，是在维系国民经济运行及市场主体生产经营过程中所必须具备的基本要素。生产要素是和企业生产过程联系在一起的，是生产过程不可或缺、可以在要素市场上通过有价交易获得的。生产要素一般具有几个显著特征：一是不可替代性，即各类生产要素可在一定范围内进行替代，但是不能被完全替代。二是要素互作用性，即能使其他生产要素合理配置，和其他生产要素发生融合反应。三是提效增值性，即可以提高其他生产要素的使用效益，对增加社会总财富和总福利具有关键作用。

生产要素随着经济形态和技术变革而不断演进，从农业文明时期的劳动和土地，到工业文明时期的资本和技术，生产要素的内涵不断拓展。在数字化全面加速人类向信息文明演进的新发展阶段，我国将数据纳入生产要素是一次重大的经济理论突破。

数据作为新型生产要素，无疑要满足生产要素的基本特征。其中，最关键的一点是生产要素必须要发挥生产性增值作用，即能够增加社会总财富和总福利水平，做大“经济蛋糕”。经济活动主要包括生产、交换、分配、消费四大环节。目前，我国数据要素发展还主要集中在交换、分配、消费环节，数据交易的主要场景还较多地集中在利用大数据形成用户画像、开展精准营销、支撑信用评级等消费环节，以及辅助管理决策等方面，甚至出现利用数据优势推行价格歧视、“大数据杀熟”等不良行为。如表 4－1 所示。这些数据利用行为，是一种典型的零和博弈，只增加了数据优势方的竞争优势和谈判话语权，并没有增加社会总财富和总福利，仅改变“经济蛋糕”的切分比例，是基于数据比较优势的丛林法则，和生产要素的属性还存在较大差距。

表 4-1　数据要素在经济活动各环节中的作用

	经济活动主要环节	数据要素的主要作用
1	生产环节	1. 对其他生产要素的优化配置 2. 对其他生产要素的部分替代和节约 3. 提升其他生产要素的生产效率 4. 改进生产工艺
2	交换环节	5. 电子商务、在线支付等新业态新模式 6. 数据驱动的智能仓储，降低存货成本 7. 数据流提高交通物流效率
3	分配环节	8. 更多的人能够掌握到数据要素 9. 按照数据贡献参与分配
4	消费环节	10. 基于用户画像的精准营销、广告营销 11. 信用评级支撑商业活动等

例如，在“大数据杀熟”场景下，卖方平台基于对特定消费者的消费偏好、收入水平等情况的掌握，以高于供需均衡价格 P_E 的售价 P_D 将产品卖给特定消费者（如图 4-1 所示），在没有增加社会总财富和总福利水平的情况下，以降低消费者福利水平的方式增加了自身收益，是典型的零和博弈行为。

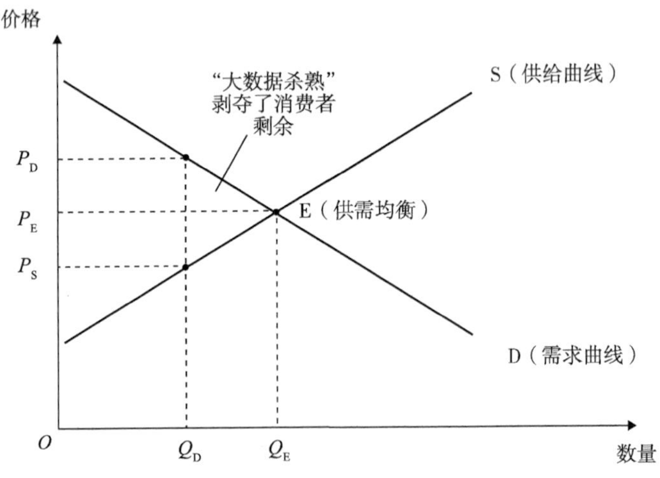

图 4-1　“大数据杀熟”剥夺了消费者剩余

总体上看，数据在经济活动中发挥的作用可分为两大类：一是零和博弈效用，即仅增加了数据优势一方的收益，并没有增加社会总财富和福利水平。目前看，我国数据开发利用过程中的很多场景还停留在零和博弈的层面，并没有产生增量价值，只是改变了“经济蛋糕”的切分比例。二是生产增值效用，即数据切实发挥了生产要素的作用，增加了社会总财富和福利水平，促进了数据相关各方的收益。大力发展数据要素市场，就是要严格规范零和博弈效用，更好激活数据的生产增值效用，将构建数据要素市场的主攻方向调整到服务实体经济上来。当前我国在生产环节中的数据开发利用还不足，迫切需要加大工业互联网等技术的应用，切实发挥好数据的生产要素价值。

二、数据要素作为关键生产要素的特点

由于兼具信息和要素的两方面特性，因此，数据要素具备信息的非排他性、可共享性、无限复制性、时效性等特征，同时也具备生产要素的不可替代性、相互作用性、提效增值性等共性特征。除此之外，数据要素还有价值不稳定性高、环境依赖性强、价值相对性高、标准化程度低等独有的特征，构建数据要素市场要充分考虑这些有别于传统生产要素的特征。

（一）数据要素的价值不稳定性高

由于数据具有鲜明的时效性特征，同其他生产要素相比，数据作为生产要素的价值是不稳定的，并形成了三种典型的演化类型。一是快速衰减型。对于时效性较强的数据，在开发利用之后会快速贬值，变为价值含量较低的信息，比如气象、股票市场等领域的数据，尽管这些“过时”的数据在时间序列分析中仍有作用，但其价值已经快速衰减了。二是价值稳定型。对于时效性较长的数据，会越用越有价值，并沉淀为数据资产，还会在数据的汇聚和关联中形成“数据关联效应”，形成价值稳定的数据要素。

三是知识升华型。有一些数据与行业领域知识和专业分析模型高度融合，基于数据密集型的知识发现，会进一步升华为“知识要素”，典型的如重要科学数据、重要技术装备试验数据、重要生产工艺数据等就转化成为重要的知识成果。而且，越是专业领域、越是复杂问题，数据价值的挖掘越需要与领域知识相结合，这也决定了在很多情况下，数据需求方需要的不仅是纯数据本身，更是结合行业知识升华为知识数据和专业化数据分析服务。

（二）数据要素的环境依赖性高

数据处于动态变化、不断更新的过程中，只有处在实时生产环境中的数据才是鲜活的高价值数据，一旦经交易流通而脱离其原生的业务系统环境，就失去了价值存续更新机制，成为仅具有阶段性价值的“死数据”，大幅降低数据要素的价值。土地、劳动力、资本、知识等生产要素在交易流通后并不会打破其价值存续更新机制，不影响其生产性价值，这也是数据要素不同于传统生产要素的重要特征之一。“授人以数，不如授人以数源。”构建数据要素市场，需要充分立足于数据要素的环境依赖性高特征，探索建立不同于传统生产要素的交易流通机制。

（三）数据要素的价值相对性强

数据既非物质也非能量，其作为生产要素的价值具有较强的不确定性。尽管数据对各行业而言具有普适的重要价值，但是具体的数据要素的价值通用性却较低。数据要素的价值到底有多大，是与具体的需求主体、需求场景以及需求主体的数据分析利用能力等因素高度相关的。同样的数据，对于不同的人、不同的场景，价值完全不同，数据要素价值的客观性、稳定性和通用性是远远低于传统生产要素的。数据价值相对性高、标准化程度低的特征，决定了数据很难形成统一大市场。数据要素的价值发掘离不开特定的专业领域知识、离不开专业化的分析。“授人以数，不如授人以数据分析服务。”数据需求者远远没有数据拥有者更加懂得数据，离开专业化的数据分析，数据就是一堆看不懂的符号。因此，数据交易在更多情况下应该是一种分析服务，构建数据要素市场比数据交易流通更重要的任务是如何形成一个专业化的数据分析服务行业。

（四）数据要素的标准化程度低

产品（或服务）的标准化是形成健全的市场交易体系的重要前提。构建数据要素市场面临的一个重要问题是数据要素是标准化程度较低的生产要素。数据要素标准化难有两个原因。一是较难形成公允的估值体系。由于数据要素的价值相对性，导致较难公允地确定数据要素的市场价值，目前探讨较多的数据要素估值方法包括成本法、收益法、市场法和问卷测试法等，但都不能完全准确度量数据的价值。二是缺乏通用的度量体系。数据要素的度量单位还不完善，目前常用的有条数、规模、字段等度量单位，但这些度量单位均无法科学衡量数据的内在价值，并不是条数越多、规模越大、字段越多的数据就越有价值。

三、数据要素的逻辑边界

数据作为新型生产要素，需要具备生产要素的一般特征、发挥生产要素的主要作用。因此不能简单地将数据和数据要素等同起来。尽管数据在政府治理、经济生产、社会生活、科学研究等领域具有普适性应用价值，但是不同领域的价值生成机理、主要作用、流通方式不尽相同，混为一谈不利于分类分级地推进数据开发利用。对数据要素的界定要回归到“生产”的范畴：数据要素是具备生产要素特征、参与经济社会生产和创造、并产生了生产性增值、且自身价值较为稳定的数据。数据资源是数据要素的基础、数据资产是数据要素的价值固化和提升，三者之间的关系如图4－2、表4－2所示。

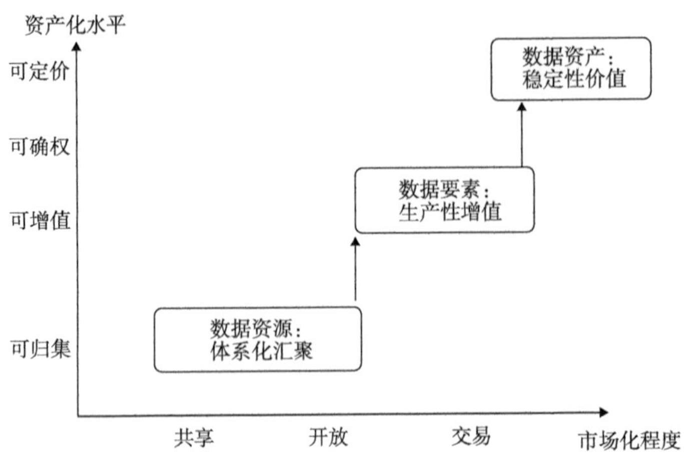

图4－2　数据要素逻辑边界图

表4－2　数据要素相关概念对比

类型	特征	使用行为	领域
数据资源	体系化归集形成的数据集	共享、开放、内部使用	政府治理、社会生活、科学研究等广泛领域
数据要素	具有生产增值属性、具备生产要素共性特征的数据资源	交易、生产	经济领域
数据资产	价值稳定、公允定价、权属清晰的数据要素，有部分数据要素可上升为数据资产，纳入财务核算	交易、生产、内部使用、入账、入股等	经济领域、金融领域

1. 数据资源。数据的来源极为分散，包括个人、企业、政府和各类社会组织以及各类机器设备产生的大量分散的数据。数据资源是将这些分散的数据体系化、有序化汇聚之后形成的、具有特定应用价值的数据集，是数据开发利用的第一步。数据资源广泛应用于各个行业领域。从发展进程上看，数据资源起源于各行业的内部信息化建设，最早应用于内部管理。数据资源是数据要素的基础，数据要素是数据资源的子集。并不是所有的

数据资源均构成数据要素。数据作为生产要素，需要具有生产性增值，能够增加社会总财富和福利水平。

2. 数据要素。数据要素是相对于经济社会生产活动而言的，是在经济社会生产活动中发挥生产性增值性作用、并具备生产要素的共性特征的数据资源。数据要素应该主要界定在经济社会生产活动过程中。人们普遍认为“数据是新时代的‘石油’”。石油是工业经济的“血液”，但是石油为什么没有被列为生产要素？石油在参与经济社会生产活动中，只实现了能量的转化，并没有形成生产性增值，因此一般被列为生产资料而非生产要素。这也为我们区分数据资源与数据要素提供了参考借鉴。

3. 数据资产。在经济学上，资产是指由企业生产经营活动形成的、由企业拥有或者控制的、预期会给企业带来经济利益的资源。资产需要具有稳定的价值、明确的权属和公允的定价。数据资产化的过程是以数据价值标准化、可度量、可变现为前提的。由于数据的时效性特征和非标准化特征，难以保持长期稳定价值、形成公允的定价，只有一部分数据要素具备资产特征、实现资产化，并进入财务核算体系。

在数据要素开发利用过程中，还要辨析清楚政务数据、公共数据、社会数据的关系。如图 4 – 3 所示。其中，社会数据的界定是较为清晰的，而政务数据和公共数据却有千丝万缕的关系，容易混淆。

政务数据。《国务院关于印发政务信息资源共享管理暂行办法的通知》对政务信息资源的定义为政务部门在履行职责过程中制作或获取的，以一定形式记录、保存的文件、资料、图表和数据等各类信息资源。国家标准《信息技术 大数据 政务数据开放共享 第 1 部分：总则》中，将政务数据定义为各级政务部门及其技术支撑单位在履行职责过程中依法采集、生成、存储、管理的各类数据资源。根据可传播范围，政务数据一般包括可共享政务数据、可开放公共数据及不宜开放共享政务数据。需要强调的是，政务数据不等同于公共数据和开放数据。

公共数据。目前，政务数据与公共数据是较容易混淆的一对概念。近年来，有观点认为公共管理和服务机构在履行职责和提供公共服务过程中生成和处理的数据就是公共数据，这是需要商榷的。公共数据是具有公共属性、涉及公共利益的数据集，界定公共数据，应该以数据本身是否具有公共属性、涉及公共利益为原则和依据，而不能以数据的处理者或控制者为界定依据。一方面，政务数据并不等同于公共数据。例如，政府部门在提供政务服务过程中掌握的个人数据、企业数据会涉及个人隐私和商业秘密，就不能简单视同为公共数据，其共享和开放需要严格依法进行并限定在特定范围。另一方面，平台公司掌握的一些数据也具有公共数据属性。平台公司基于其显著的产业生态和技术创新优势，掌握了越来越多的产业上下游数据、消费者数据。平台仅仅是数据的记录者、控制者和使用者，这些数据具有公共属性、涉及公共利益，也应该纳入公共数据范畴。因此公共数据是政务数据和社会数据中具有公共属性、涉及公共利益的交集。

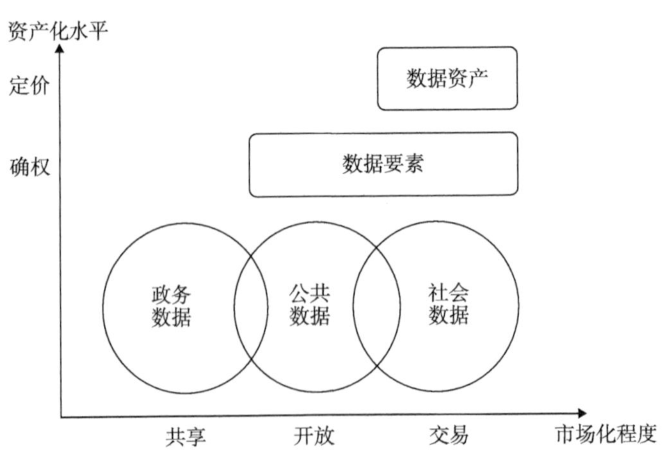

图 4－3　数据要素相关概念逻辑关系

四、数据要素的演化过程

数据作为生产要素，存在一个从信息、数据、知识到智慧的动态演化过程。如图4－4所示。在DIKW模型基础上，进行了修改完善，提出数据要素演化过程。即在大量的信息中，一些高价值信息升华为数据要素；在大量的数据中，一些高价值数据升华为知识要素；知识被人消化吸收后转化为智慧，并以人为载体形成更高水平生产要素，体现为劳动力生产要素的价值提升。

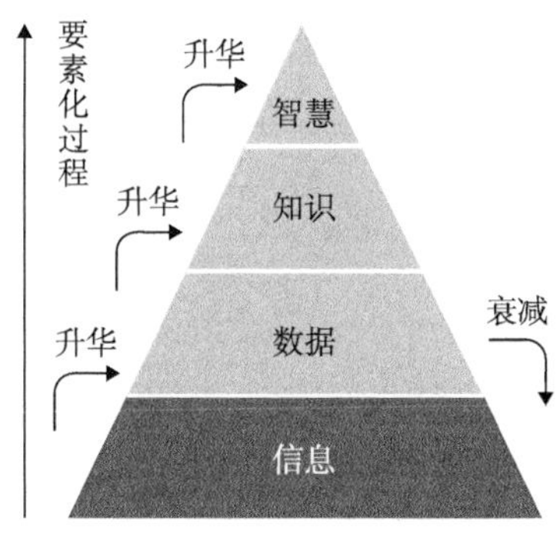

图4－4　数据要素化演进模型

1. 信息是数据的基础，具有客观存在性。信息论创始人香农在《通信的数学理论》中提出，“信息是用于消除不确定的东西”。维纳在《控制论》一书中提出，信息是“同外部世界进行交换的内容”。信息是一个十分广泛的存在，万事万物都在无时无刻地产生信息，所有具有生命力的生物都在无时无刻地处理信息。信息并不是人类的专属，一些动物在某些方面对信息的敏锐捕捉能力和处理能力是远远超过人类的。人类将那些有用的信息记录下来，便形成了数据。大量的信息中，具有应用价值且被记录下来的一部分信息会升华为数据。

2. 数据是信息的记录，具有主观目的性。数据和信息是在工作中较易混淆的两个概念。《中华人民共和国数据安全法》明确：数据是指任何以电子或者其他方式对信息的记录。从中文字面理解，“据”者，依据也，是为了实现经济社会生产生活的某种目的而记录下来的信息。数据几乎拥有信息的一切特征，但根本的区别是信息具有客观存在性，而数据具有主观目的性，是为一定的经济社会活动所服务的。只有那些具有明确开发利用目的和价值的信息，才会被记录、存储下来。正因为如此，信息的行为广泛存在于生物界，而数据行为只存在于人类社会。就如同“会不会制造和使用工具”是人和动物的根本区别一样，是否能够处理数据也是人区别于动物的重要标志。

3. 数据密集型科学发现的新范式促进数据向知识升华。知识是人类对物质世界以及精神世界探索的结果总和，是价值最高、最具稳定性的生产要素。大数据的发展催生了数据密集型科学发现的新范式，也使得更多的数据在与行业知识的融合创新过程中升华为知识，成为更高水平的生产要素。实践表明，对数据的理解与应用需要以相关领域的专业知识和分析模型为基础，越复杂的数据，越深入的分析，越离不开专业知识的支撑。开发利用数据的过程，在某种程度上而言就是数据要素的知识化提升的过程，因此，数据交易中数据需求方往往更需要专业化的数据分析服务。这也决定了在很多情况下，我们需要的不是数据本身，而是升华为知识的数据，以及专业化的数据分析服务。

4. 知识让人更智慧，并以人为载体成为更高水平的生产要素。智慧是生命所具有的一种高级创造性思维能力，以劳动力为载体成为生产要素。人类从大量的信息中升华提炼出一些数据要素，从大量的数据中升华提炼出一些知识，从大量的知识中提炼升华出智慧，并以劳动力为载体形成更高水平的生产要素。数据分析就是知识发现的过程。只有数据同专业知识、专业模型相结合，才能产生更大的价值。

第二节　数据要素市场的关键问题

当前，数据要素市场发展在总体上面临着“确权难、定价难、流通难、监管难”等突出问题，由于缺乏实质性的解决方案，制约了数据要素市场落地见效。

一、数据确权问题

数据确权是构建数据要素市场的关键和难点问题。数据确权难，其根源在于数据既非物质也非能量，是在经济社会多方主体的共同作用和交互过程中产生的。简言之，数据不是单一主体产生的，因此很难清晰地界定出数据的权属，也很难形成稳定的资产形态，其确权机制与传统生产要素存在较大差异。数据要素产生过程具有多元主体参与、多重权属叠加、多阶段动态变化的特征，涉及多方主体之间确定数据所有权、使用权、控制权、收益权、处置权等，在涉及个人数据时还涉及对人格权的界定和保护，确权难度高于传统生产要素。

数据是多方主体在数字化交互过程中产生并记录下来的，完全明确数据权属难度较大，数据将长期以混权形式存在。例如，消费者在电商平台购买一件商品，这一过程是个人、电商平台、店铺、物流快递等多个主体共同产生的，这条完整的物品交易记录数据，是买方、卖方、结算方、物流配送方等多方主体互动、平台记录存储的结果，除其中涉及个人信息的字段之外，这样的交易数据记录具有天然混权状态属性。数据作为特殊的生产要素，是多方主体共同交互的结果，数据汇聚达到一定规模后又会形成公共属性，严格区分数据权属既无可能也无必要，过度强调数据权属会抑制数据创新。例如，欧盟颁布了全球最为严格的数据保护法律法规如《通用数据保护条例》等，制约了欧盟数字化创新发展水平。

解决数据权属的关键，是在混权状态下平衡发展与安全、创新与合规、权属与收益的关系。一是以法律守底线。按照《中华人民共和国网络安全法》《中华人民共和国数据安全法》《中华人民共和国个人隐私保护法》等法律法规，加强涉及国家安全和个人隐私的数据保护，落实个人对其相关数据的知情权、处置权、收益权和被遗忘权。二是以共赢促开发。数据确权可借鉴帕累托优化原则，形成混权数据的帕累托开发原则，即具备数据使用权的主体在不损害任何数据相关人利益的前提下，可进行数据增值性开发利用，增加社会总资产和总福利。三是以技术寻突破。加强区块链、隐私计算、多方计算、去隐私化技术等新技术应用，建立“数据不搬家、可用不可见”的数据流通新模式，规避数据权属转移等法律风险，确保数据要素可控利用。四是以仲裁谋平衡。充分发挥仲裁机制的灵活作用，大力发展数据权属争议仲裁机制，弥补法律滞后、僵化的不足，更好平衡权属保护与开发利用的关系。

二、数据定价问题

在定价方面，由于数据要素价值不稳定性强、价值相对性高和标准化程度低的特点，难以像传统生产要素那样在交易之前通过调查研究确定公允价值，买卖双方对于数据价值的评估存在“双向不确定性”，使得数据要素定价难度远大于其他生产要素。目前，理论界对数据要素的定价方法还主要沿用成本法、收益法、市场法等传统的会计学定价方法。但由于数据要素不同于传统生产要素的特征，试图以单一的传统定价模式决定数据要素交易价格均存在明显的问题和不足。

1. 成本法，是指以数据要素加工和生产成本确定数据要素价格的定价方法。成本法易于操作，且定价相对直观。不足之处是数据的成本与价值之间缺乏严格的正相关关系，容易造成数据要素估值混乱。一方面，随着信息技术的发展，数据采集、汇聚、存储的成本越来越低，用成本法会严重低估数据要素价值。另一方面，数据要素具有价值相对性，数据生产成本的增加并不一定提升数据要素价值，并不像价值稳定的有形资产一样成本越高价值越大。

2. 收益法，是指以数据要素未来预期能够带来的生产性收益折现来确定数据要素价格的定价方法。收益法适用于数据要素价值相对稳定、数据要素收益可以明确预估的场景。但是由于数据要素时效性强、数据价值快速衰减、数据价值实现的不确定性、数据贡献同其他生产要素相交织无法独立估计等情况，选择合适的折现率比较困难，难以有效根据收益确定价格。

3. 市场法，是指通过比较被评估数据要素与最近交易的类似数据要素的异同，并将类似的市场价格进行调整，从而确定被评估数据要素价值的评估方法。市场法可用于大多数资产定价，类似知识产权的数据也适用。但其不足也较为明显，一方面比成本法更费时和昂贵，另一方面还要求市场上有类似的数据产品作为参照。而由于数据需求的多元化、数据要素的非标准化特征，数据要素市场是高度细分、多元的市场，往往很难找到类似的数据产品，横向可比性较低，限制了市场法的应用范围。

4. 创新思路。数据要素的复杂性决定了无法用单一定价模型确定数据要素价格。在成本法、收益法、市场法基础上，提出三种创新定价思路。一是分类定价法。对于数据要素用途较为明确、价值较为固定的数据要素，采用成本法定价；对于数据价值较为稳定、创新作用较强的数据要素，采用收益法定价；对于成本、收益难以测量的数据要素，采用市场法定价。二是混合加权定价法。对于需要精准估值的数据要素，采用混合加权定价法，同步考虑数据成本、创新收益以及同类数据要素市场成交价，并分别设定相应权重，加权之后确定价格。三是入股分成法。对于创新价值极高、但又无法准确估量价值大小的数据要素，数据供需双方采用入股形式形成长期合作机制，最大化挖掘数据要素价值，根据约定分成共享数据红利。

三、数据交易流通问题

我国大数据交易创新探索起始于 2015 年，近年来，各地先后出现数十个大数据交易所（中心）。国家企业信用信息公示系统显示，截至 2021 年底，全国注册企业的名称中含“数据交易”的公司有 48 家，存续经营的有 37 家，11 家注销。随着我国第一个大数据交易所——贵阳大数据交易所的改制，我国数据交易所（中心）业务模式逐步转变到国有资本控股、专业机构运营、规避数据权属、淡化数据物理交割、强调数据可用不可见的新型交易模式上来。但在实践中，仍然存在以下突出问题。

一是各自为政、统筹不足，呈现明显的地域特征。从管理机制上看，国家层面缺乏集中统一的数据要素专门管理机构，地方大数据管理机构则偏重于信息化工程项目管理，数据要素管理职能弱、专业化能力不足。从交易机构看，各地纷纷抢占数据要素交易的制高点，采用地方政府控股、科技企业参股、专业公司运营的模式建立了一批地域性的数据交易所（中心），在功能定位和业务模式上同质化趋势明显。从辐射范围看，由于行政区划因素，各地数据交易所（中心）均主要定位于服务本地数据交易需求，服务范围很难拓展到区域之外，导致每个交易平台都只是独立的小市场，呈现了明显的地域特征，不利于数据要素在全国范围内跨地区、跨行业、跨层级地有序流通。

二是模式单一，交易不足，业务可持续性不强。一些地方和企业为了抢占创新先发优势，往往采取“先成立再探索”的思路，在没有掌握数据要素交易规律的情况下仓促上马建设、照搬传统生产要素交易模式，交易模式不成熟，实质性数据交易业务量稀少，交易所专业化服务能力弱，缺乏公信力。据统计，超过50%的数据交易平台年流量低于50笔，未形成较大的市场规模，场内数据交易仅占数据市场总规模的4%。一些大数据交易机构难以为继，已经注销关停。

三是固步不前、创新不足，关键问题缺乏实质性突破。数据交易相关理论研究和制度配套总体还落后于实践，这也导致了各地数据交易所（中心）在“摸着石头过河”的过程中缺乏必要的理论指导，制约数据要素交易的数据确权、资产定价、流通监管、数据安全等难点问题缺乏实质性的创新突破，数据交易总体仍处于较为艰难的局面。

四是定位面窄，融合不足，对实体经济赋能作用不强。目前，数据要素交易还集中在企业经营决策和消费环节，主要开展用户画像、信用评级、广告营销、风险评估和决策分析等应用，在生产环节创新、提升生产效率等方面的交易需求和数据应用还不多，数据要素真正发挥生产性增值作用还不够强，对实体经济的创新促进作用不突出。

四、数据安全监管问题

在流通监管方面，数据具有无限复制、跨时空传播的显著特点，由于缺乏权威中立的可信数据流通环境，数据交易双方信任机制难以有效建立，突出表现为四个方面。一是数据质量风险。数据作为特殊的商品，在交易流通之前，卖方很难全面评估数据质量，交易过程中脏数据、假数据情况频出。二是二次传播风险。数据在通过正常流程和渠道交易流通后，由于缺乏公允、中立、可信的监管机制，数据流向和可控利用缺乏保障，存在突破约定的数据交易流通和使用范围，形成二次传播失控风险。三是数据滥用风险。数据实际控制者在数据开发利用过程中缺乏有效监管，特别是大量互联网企业广泛收集个人身份信息，并进一步关联归集社交、生活、购物、出行等数据作为用户画像依据，引发平台数据垄断、"大数据杀熟"等问题，这些数据一旦被泄露会直接危及人民群众生命财产安全。四是地下交易风险。由于数据交易的便捷性和数据使用的隐蔽性，地下非法数据交易、灰色数据交易屡禁不止，"暗网"和数据"黑市"中流通着大量涉及个人隐私的敏感数据，缺乏有效的监管手段。

为解决数据流通监管难问题，要制度创新、技术创新、立法创新、模式创新多管齐下，形成依法登记、依法拥有、依法使用、依法流通的数据监管制度规则体系。一是制度创新。建立数据要素登记制度，实现对经济社会各主要领域的关键数据要素的统一登记，形成国家数据要素的总台账，形成数据要素市场化配置的规范引导能力和监管能力，为数据确权、资产定价、数据仲裁、依法有序流通提供基础平台支撑。二是技术创新。加强区块链、多方计算、隐私计算等技术的应用，实现"数据不搬家、可用不可见"的效果，对数据流通全过程形成可管、可信、可知、可控的技术管控能力。三是立法创新。探索建立巨额数据来源不明罪，任何组织都要依法使用数据，对无法提供合法数据来源渠道的行为进行处罚，有效遏制地下非法数据交易。四是模式创新。借鉴发达国家做法，发展具有公信力和中立性的第三方机构开展数据存管服务，促进数据相关方平等行使数据使用权、收益权、处置权。

第三节　我国数据要素相关政策

自党的十九届四中全会首次将数据列为新型生产要素以来，后续出台了一系列数据要素政策文件，逐步形成了一个较为完整的政策体系。2019 年 11 月 26 日，中央全面深化改革委员会第十一次会议审议通过了《关于构建更加完善的要素市场化配置体制机制的意见》，专设“加快培育数据要素市场”一章，对推进政府数据开放共享，提升社会数据资源价值，加强数据资源整合和安全保护等任务进行了部署。2020 年 2 月 14 日，中央全面深化改革委员会第十二次会议审议通过了《关于新时代加快完善社会主义市场经济体制的意见》，提出要“建立数据资源清单管理机制，完善数据权属界定、开放共享、交易流通等标准和措施，发挥社会数据资源价值。推进数字政府建设，加强数据有序共享，依法保护个人信息”。2021 年 3 月，国家“十四五”规划和 2035 年远景目标纲要对“建立健全数据要素市场规则”进行了系统部署。如图 4 - 5 所示。2022 年 4 月，《关于加快建设全国统一大市场的意见》正式发布，提出“加快培育数据要素市场，建立健全数据安全、权利保护、跨境传输管理、交易流通、开放共享、安全认证等基础制度和标准规范，深入开展数据资源调查，推动数据资源开发利用”。

为落实中央文件要求，各地也陆续发布了相关政策，例如江苏省委、

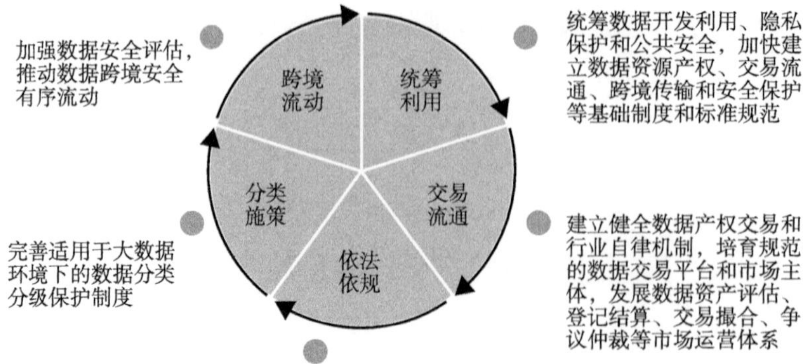

图 4－5　建立健全数据要素市场规则

省政府印发了《关于构建更加完善的要素市场化配置体制机制的实施意见》，海南省委、省政府印发了《关于新时代加快完善社会主义市场经济体制的实施意见》，均将“加快培育数据要素市场”列为重点任务，并根据地方情况提出相应的具体措施，推动建立健全要素市场、加快培育数据要素市场、推进要素价格市场化改革、创新要素市场化配置方式等。例如，在关于培育数据要素市场的具体措施方面，河北提出“加快建设雄安新区数字经济创新发展试验区，建立大数据交易中心”。贵州提出“加快培育数据要素市场，以贵阳大数据交易所为龙头，引进培育一批服务于数据要素流通的加工分析、资本运营、中介咨询、上市服务等市场主体，打造数据交易大生态”。广东于 2021 年 7 月发布《广东省数据要素市场化配置改革行动方案》，该行动方案为全国首份数据要素市场化配置改革文件，在释放公共数据资源价值、激发社会数据资源活力、加强数据资源汇聚融合与创新应用、促进数据交易流通、强化数据安全保护等方面提出了 24 条改革任务和 71 项工作内容，对落地落实广东特色数据要素市场化配置改革具有重要意义，对全国数据要素市场培育工作具有示范引领作用。

第四节　加快构建数据基础制度

数据基础制度建设事关国家发展和安全大局。中央全面深化改革委员会第二十六次会议提出，要统筹推进数据产权、流通交易、收益分配、安全治理，加快构建数据基础制度体系，明确了数据基础制度的重要构成，形成以数据产权制度为基础、以流通交易制度为核心、以收益分配制度为导向、以安全治理制度为支撑的数据基础制度体系。

构建数据基础制度，要充分立足数据的本质特征，明确基本的发展导向。一是要明确分类分级的管理导向。充分立足和把握数据要素权属保护、流通机制、价值演化、安全治理的独特发展规律，统一数据要素市场基础制度规则，鼓励模式创新和试点示范，建立分类分级的数据基础制度，形成多元化的数据流通机制，引导领域性细分市场建设。二是要明确脱虚向实的创新导向。数据如何利用，怎么利用，关键要发挥数据赋能实体经济的作用，要坚持脱虚向实、赋能转型的原则，充分挖掘数据要素的生产性增值作用，推动数据向实体经济领域集聚，驱动各产业数字化转型，重点加强数据在经济活动生产环节的应用，切实增加社会总财富和总福利，严格规范打击数据垄断和数据滥用等零和博弈应用。三是要明确共创共赢的开发导向。充分发挥数据要素的共享属性，构建共创共赢的数据要素协同创新和收益共享机制，引导数据相关主体公平公正共享开发利用，通过数据要素的共享促进共同富裕，让人民共享数据要素创新发展红利。四是要明确确保安全的治理导向。充分认识数据安全对国家安全的重要性，统筹发展和安全，严格落实《中华人民共和国网络安全法》、《中华人民共和国数据安全法》、《中华人民共和国个人信息保护法》及数据分类分级保护制度，有效规避数据汇聚、流通、使用中的各类风险，有力保护国家安全、个人隐私和商业秘密。

一、数据产权制度是基础

合理界定数据各方权利、加强数据各方权益保护，是数据流通应用的前提，也是激励数据供给的重要手段，需要在制度层面予以明确。要在深入把握数据要素特点的基础上，开展数据权属基础理论研究，探索构建中国特色数据权属制度体系的现实路径。要以贯彻落实《中华人民共和国民法典》《中华人民共和国数据安全法》《中华人民共和国个人信息保护法》等法律法规为基础，进一步健全数据权属领域法律法规。同时，鼓励各行业、各领域积极探索与自身特点相适应的权益保障分配制度。深入研究数据要素的独特演化规律，加快推进数据权属权益立法研究和探索，明确数据相关主体权利与义务，建立分类分级的数据产权制度，依法保护数据所有权、收益权，规范管理数据采集权、使用权，探索推进混权共有状态下的共享开发机制，以确权护权强化高质量数据要素供给，充分激发生产性数据的增值作用、生活性数据的普惠作用、科研性数据的创新作用、决策性数据的洞察作用，逐步形成中国特色的数据产权制度体系。

一是要规范数据采集行为，加强源头治理。数据采集人要坚持合法正当必要的原则，依法进行数据采集工作，从源头上避免数据被侵权滥采。涉及个人信息的必须征得个人同意或存在法定事由，充分保障个人的知情权、人格权。对于采集个人数据超过 5 万人次以上，以及采集数据涉及公共利益和产业链供应链安全的，需向行业数据管理部门进行备案。不得采取非正常手段采集涉及商业秘密和国家安全的数据。

二是要探索建立数据登记制度，保护各方权益。数据持有人掌握的外源性数据、交易性数据和资产性数据需依法向数据登记部门进行登记，明确数据来源、数据用途、数据内容、数据流向等关键信息，形成可追溯、可审计的完整线索，作为依法拥数、依法用数、依法通数的依据。涉及多方权益共生的数据，应该细分数据相关方的数据持有权、使用权、收益权，保护各方合法数据权益，作为形成市场、规范市场、监管市场的重要基础。

三是保护衍生数据权益，鼓励创新开发。数据使用人依法基于正当目的对合法来源的外源性数据进行开发利用，不得超过授权范围对外源性数据进行二次传播，对于涉及产业链供应链安全、国家安全的分析结果有保护义务。在充分去隐私化处理、不损害数据相关方合法权益的前提下，数据使用人对基于自身数据开发劳动所产生的衍生数据享有持有权、转让权、收益权。

四是加强内生数据保护，推进入表入账。对于各类企事业单位基于自身生产经营活动中产生的无权属争议的内生数据，依法明确数据所有人，推进内生数据的资产化积累和资本化运作，探索将数据价值稳定的内生数据纳入企业财务会计报表，切实发挥数据要素的资源价值和资产属性，提升市场主体数据资产意识和要素开发能力。先期试点探索科研数据、工业互联网数据资产化管理。

五是鼓励混权开发利用，公平共享收益。对于在多方主体交互过程中产生的数据，探索建立数据混合权所有制度和混合权开发合约制度，按照数据开发利用结果不得损害利益相关人正当权益的无损开发原则，形成数据混合权联合体共同管理、共同开发、共享收益的权属管理机制。

二、数据交易制度是核心

根据数据要素演进规律，探索多层次的数据流通交易模式，完善和规范数据流通规则，加快培育市场、规范市场、壮大市场，形成全程溯源、全程可控、有序流通、高效配置的数据流通交易局面，加速数据要素向实体经济领域集聚。

一是统一基本规则，鼓励交易创新。建立统一的数据流通准入规则，制定统一的场内交易、场外交易基本规则，引导建立数据要素价格的市场形成机制，明确数据交易所、数据服务商、数据提供商、数据需求者的功能定位，务实理性推进数据交易所建设，强化数据交易市场体系顶层设计，明确数据交易所资质审批机构，强化其公共属性和公益定位。重点发展分类分级的数据细分市场，支持数据处理者依法依规在场内和场外采取开放、共享、交换、交易等方式流通数据，引导数据交易活动依托依法成立的数据交易场所开展，加快整治数据黑市、灰色交易等违法违规行为，确保流通数据来源合法、隐私保护到位、流通和交易规范。在加快数据流通中激发数据要素价值。

二是壮大数据产业，加强服务创新。针对数据要素权属难界定、流通易失控、数据专业化程度高的应用需求场景，大力发展数据服务业，培育一批专业化程度高、分析能力强的数据服务机构，鼓励数据集成、数据经纪、合规认证、安全审计、数据公证、数据保险、数据托管、资产评估、争议仲裁等数据服务业态创新，提升数据流通和交易全流程服务能力。加快数据要素与专业领域知识的深度融合，通过专业化的数据分析服务更高水平提升数据要素创新价值。形成“数据不动算法动”“数据不转服务转”

的数据流通开发模式。

三是增强内生活力、鼓励产业创新。针对与产业关联性强、时效性较高、发挥生产经营关键赋能作用的数据要素需求场景，引导市场主体通过数据链整合优化供应链产业链，以投资控股、多元经营、生态构建等方式，基于数据要素高效配置的创新导向，加快企业组织边界重塑和业务模式创新，在打通经济生产环节和上下游生态体系的前提下，实现外部数据的内部化，在特定的企业（组织）之间实现数据的动态鲜活产生和实时流通，加快推进数据要素融入实体经济。

四是探索存算分离，加快技术创新。构建集约高效的数据流通基础设施，为场内集中交易和场外分散交易提供低成本、高效率、可信赖的流通环境。加强区块链、隐私计算、多方计算、去隐私化技术等新技术应用，推进计算、存储单元的合理分离，从根源上化解计算存储集中化趋势带来的数据权属问题，建立"数据不搬家、可用不可见"的数据流通新模式，规避数据权属转移等法律风险，确保数据要素可控利用。

五是规范跨境流通，加快治理创新。坚持需求导向、公平对等原则，探索推进数据跨境流通，建立数据跨境流通的目的性、正当性、可控性审查机制，在确保国家数据安全、科学评估风险的前提下，开展数据交互、业务互通、监管互认、服务共享等方面国际交流合作，推进数字贸易基础设施建设，积极参与数据流动、数据安全、数字货币、数字经济税收等的国际规则和数字技术标准制定。

三、数据分配制度是导向

基于数据要素的可共享特质，构建"多创多得""共创共赢""通链强链"收益分配激励机制，充分发挥收益分配调节作用，完善数据要素收益的再分配调节机制，激发全社会数据创新的活力和热情，在促进共同富裕、赋能实际经济、共享发展成果等方面发挥数据赋能作用。

一是建立“多创多得”的分配机制，鼓励数据创新。在保护数据相关各方基本权益的前提下，建立“多创多得”的收益分配机制，根据行业特征和经济活动主要环节，制定形成数据贡献度量办法，形成按贡献度分配数据要素授予的机制，按照“谁生成、谁创新、谁贡献、谁受益”的原则，以数据开发合约、分成协议等市场化分配机制，着重保护数据要素各参与方的劳动收益，促进劳动者的贡献和劳动报酬相匹配，强化基于数据价值创造的激励导向。引导大型数据企业承担社会责任，强化对受数字经济冲击弱势群体的保障帮扶。

二是建立“共创共赢”的开发机制，促进共同富裕。充分发挥数据要素可共享的特质，建立“共创共赢”的数据开发机制，促进数据要素在促进共同富裕中发挥要素共享的突出作用。对于各级政府部门、事业单位行政履职和企业经营中产生的公共数据，坚持“取之于公、用之于公”的原则，建立数据公共服务机制，形成“企业授权开发、政府购买服务、反哺社会公众”的运营机制，统筹推进公共数据开放和授权使用，推动收益主要用于公共服务支出。鼓励各类企业依托公共数据开发提供公益服务。在民生保障、就业创业、教育培训等领域，大力发展公平普惠的公共数据服务，为社会公众获取数据红利实惠、提升数据素养技能、促进创新创业提供有力支撑。开展公益性数据技能教育培训，提高社会整体数字素养，着力消除不同区域间、人群间数字鸿沟。

三是建立“通链强链”的协同机制，赋能实体经济。从产业生态全局视角，引导建立市场主体数据平台间的数据协同创新机制，规范各类平台掌握的涉及产业链供应链公共数据管理，创新平台数据治理，鼓励引导互联网平台公司向产业上下游中小微企业开放公共数据，通过产业公共数据的协同共享利用促进产业链供应链上下游协同创新，消除经济活动数据要素流通中的平台障碍，提升实体经济协同创新活力。

四、数据安全治理是保障

数据安全事关国家安全。应当坚持总体国家安全观，建立健全数据安全治理体系，提高数据安全保障能力。针对不同的数据类型、数据用途、数据敏感程度等，完善分类分级管理办法，维护国家数据安全，保护个人信息和商业秘密，把安全贯穿数据治理全过程，守住安全底线，明确监管红线，加强重点领域司法执法，把必须管住的坚决管到位。同时，还需要构建政府、企业、社会多方协同治理模式，强化分行业监管和跨行业协同监管，压实企业数据安全责任。

一是优化监管模式，构建数据市场监管体系。建立健全符合数据要素市场发展规律的市场监管体系，充分发挥政府有序引导和规范发展的作用，加强数据立法、创新监管手段、提升行业数据治理能力，同步强化综合监管、行业监管、联合监管、智慧监管能力建设，提升数据反垄断、反滥用、反黑色交易的专项监管能力，守住安全底线，明确监管红线，形成准入有序、包容有度、监管有据、执行有力的监管体系。

二是压实主体责任，建立企业内控制度体系。推动数据市场相关主体建立依法、合规、安全利用数据的主体责任意识，按照国家相关法律法规要求，建立内部管理制度和风险控制机制，在数据采集汇聚、加工处理、持有利用、交易流通等各个环节，形成有法可依、有据可溯、有章可循的内控能力，切实承担数据要素安全治理的主体责任。

三是优化行业生态，形成行业自律自治能力。鼓励行业协会等社会组织积极参与数据要素市场建设，建立数据要素流通使用全过程的合规公证、安全审计、算法审查、监测预警机制，促进不同场景下数据要素安全可信流通。鼓励细分领域行业组织牵头建设符合本行业数据安全治理实际需求的行业行为规范、公约和倡议等，提升行业自律自治能力。

四是加强能力建设，健全数据安全技术体系。落实网络安全等级保护制度、关键基础设施保护条例要求，充分利用国家电子政务网络基础设施、“东数西算”算力基础开展数据基础设施平台建设，将数据基础设施纳入关键保护范围，健全完善网络和数据安全体系，推进安全可靠技术研发应用，确保数据被安全合法使用，提升纵深防护与综合防御能力。

第五节　构建数据交易市场体系

在《关于构建更加完善的要素市场化配置体制机制的意见》等文件中，对数据共享、数据开放、数据交易等作出了部署，这三种数据活动构成了数据流通的主要方式。其中，数据共享是政府部门之间因履职行政、协同治理需要，按照“共享为原则、不共享为例外”进行的数据流通。数据开放是基于数据的公共属性，而由公共管理和服务机构向社会免费开放的数据流通方式，是一种在数字化条件下的新型公共服务产品。数据交易则是社会主体之间进行的有偿的社会化数据流通。与之相对应的数据分别为政务数据、公共数据和社会数据。构建数据要素市场的主要着力点是社会数据交易，数据共享与开放并不是市场行为，严格说不属于数据要素市场范畴。政府可以通过数据共享和开放率先垂范，但是不能将数据共享和开放作为构建数据要素市场的主攻方向。

构建数据要素市场，首先要明确数据要素市场的合理边界，避免概念泛化、“新瓶旧酒”的错误倾向。一是厘清概念。数据要素是具备生产要素一般特征、参与经济社会生产与创造、并具备生产性增值作用的数据。要将数据要素的界定回归到“生产”的范畴，避免把数据要素概念泛化。二是明确导向。激发数据要素价值，关键要发挥数据的生产性增值作用，提高社会总财富和总福利水平。要在经济活动的生产、交换、分配、消费的各环节同步创新，尤其要加强生产环节的数据要素创新，切实用数据要素提高生产效率、实现同实体经济融合发展。

当前，我国数据要素市场构建还主要以部分地方和企业探索试点为主，迫切需要从全局层面加强顶层设计、凝聚发展共识、形成创新合力，形成依法规范、政府推动、市场配置、产业创新的数据要素交易流通格局。如图 4－6 所示。

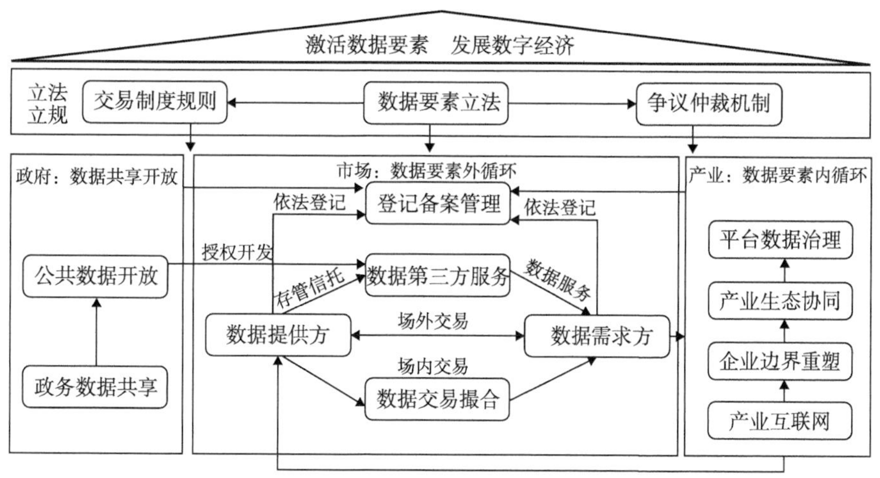

图 4－6　数据要素交易流通顶层框架

一、建立依法规范、分类分级的交易制度体系

一是推进数据立法。在《中华人民共和国数据安全法》《中华人民共和国个人信息保护法》等已有法律法规基础上，总结地方数据条例经验做法，研究制定国家数据管理条例，解决数据要素交易流通和开发利用中认识不统一、立法不统一、规则不统一、惩戒尺度不统一等问题，为数据交易流通和开发利用提供基本的行动指南。二是建立交易制度规则。立足数据要素基本特征和发展规律，建立分类分级、多元创新的数据交易新模式，满足多元化数据交易流通需要；重点鼓励具有生产性增值作用的数据要素开发行为，严格规范零和博弈型数据开发行为。三是建立争议仲裁机制。充分发挥争议仲裁机制保密性强、灵活简便的优势，有效弥补立法滞后、诉讼烦琐、处理僵化等不足，解决数据要素交易流通中涉及的相关纠纷，更好平衡发展与安全、创新与合规的关系。

二、形成政府引导、市场主导的交易流通体系

加快推进政务数据共享和公共数据开放，加强国家基础信息库等高频共性数据需求的共享应用，探索开展公共数据授权开发利用等工作，以公共数据开放带动社会创新创业。从市场层面加快和规范数据要素的外循环。一是加强登记备案管理。建立统一的数据要素登记备案制度，对于关键数据要素、交易主体实行统一注册登记，对于数据流通采用监管交割模式，明确交易主体的合法性，进行全过程留痕，形成数据交易链条，避免数据滥用。二是鼓励场内市场交易。在地方交易所探索实践基础上，形成统一的数据交易规则制度，逐步将数据交易流通行为纳入场内交易模式，形成专业化交易撮合、全流程数据监管能力，大力开展新技术创新，重点发展

算法型数据交易。三是规范场外市场交易。严格落实《中华人民共和国数据安全法》《中华人民共和国个人信息保护法》等法律法规要求，采用区块链等新技术手段加强对场外数据交易行为的规范和监管力度。有效遏制地下灰色交易等非法行为。四是大力发展第三方服务。针对数据要素价值实现的特殊规律和数据确权定价的复杂性特征，大力发展第三方数据服务业，包括数据存管、授权开发、专业分析服务等内容，促进数据要素同行业知识的融合；按照数据要素的帕累托开发原则，更好平衡发展与安全、创新与规范的关系，充分挖掘数据要素创新价值。

激发数据要素价值，要发挥好政府的先行引导作用，尤其是加强公共数据的共享与开放，以公共数据为抓手带动统一、规范的数据要素市场的构建。

（一）深化政务数据资源共享利用

1. 加强统筹、以融促用，充分挖掘基础信息价值。一是加强统筹力度。按照《关于加强数字政府建设的指导意见》《“十四五”推进国家政务信息化规划》等政策规划部署，加强基础库统筹建设与应用，拓展共建共享范围，依托政务信息化工程备案系统，建立健全统一的数据清单和共享台账，深化基础数据融合。二是加强模式创新。按照小步快跑、按需建设、分类施策、专业服务的原则，创新基础库、专题库、主题库的组织建设模式，探索构建基础库运营服务体系，提高基础库服务水平。三是加强数据治理。建立完善基础库数据治理体系，统一标准规范，围绕人口战略、商事制度改革、区域发展战略、社会信用体系建设等重大决策问题丰富数据资源体系，提升决策支持水平。

2. 加强创新，提质增值，提升基础信息应用水平。一是加强新技术创新应用。优化完善基础库建设理念和技术路线，依托国家一体化大数据中心体系，提升政务数据共享利用的算力支撑、容灾能力和服务水平。充分利用区块链、隐私计算等新技术，探索高水平共享利用新模式。二是加强政企数据关联。根据履职行政需要，依法依规加强政务数据同社会数据资源关联互补，提升政务数据的动态性、鲜活性和要素价值。三是推进政务数据向社会有序开放，避免政务数据“深藏闺中”，在确保国家安全、商业秘密和个人隐私前提下，推进公共数据安全有序向社会开放，促进相关行业领域创新创业，促进数据要素市场建设。

3. 加强保护、依法规范，确保政务数据安全。一是加强网络安全。落实《中华人民共和国网络安全法》《关键信息基础设施安全保护条例》等要求，严格将国家基础信息资源限定在国家电子政务网络环境体系之下，坚持关键、核心数据不出网。二是加强数据安全。落实《中华人民共和国数据安全法》等要求，推动形成分类分级的全生命周期安全保障能力，加强基础库入侵监测、权限管控、安全审计等能力建设，建立常态化基础信息库安全检查机制。三是加强应用安全。落实《中华人民共和国数据安全法》和《中华人民共和国个人信息保护法》，严格依需要数、依法用数，加强共享利用环节数据管控，监测数据流向和使用途径，确保基础数据应用可管可控。

（二）有序推进公共数据开放利用

1. 完善数据开放机制。首先，建议政府部门制定并发布统一、权威的公共数据开放目录，探索建立数据开放许可协议机制，明确数据开放各方权责，规范数据开发利用。其次，我国应尽快出台数据分类分级的政策法规，明确可开放数据的范围，推进数据脱敏技术应用，完善各敏感程度数据的开放管理规定，化解制约公共数据开放所面临的个人隐私、商业秘密、国家安全等潜在风险。最后，我国应充分借鉴开放知识基金会等机构的数据开放指标，探索建立基于公众需求的开放数据质量评估模型，加强社会监督，结合现有第三方数据质量评估模型，全面系统地评估开放数据的质量，强化评估工作的“指挥棒”作用。

2. 推进需求导向型开放。在数据开放供给上，优先围绕数字经济发展、产业创新等现实需求，推进各部门高质量公共数据的开放，在保证数据的可机读性基础上，向社会公众开放内容更为多样、应用价值更高的数据。在社会需求反馈上，进一步突出数据开放的需求导向和结果导向，定期收集社会公众的使用反馈情况，根据反馈结果明确数据开放的重点领域，提高数据开放的针对性。在数据内容更新上，相关部门应在立足客观实践和公众需求的基础上，对开放数据进行分类管理，制定合理的更新周期，针对公众需求较大的数据适当缩短数据更新周期，并定期根据公众数据需求的变化改变数据更新周期。

3. 优化数据开放平台。在平台互联方面，国家相关部门应加快推进各层级公共数据开放平台的互联互通，制定统一的公共数据开放平台管理制度和标准规范，构建全国统一的公共数据开放平台体系，逐步形成一站式、便捷化、全口径的公共数据开放服务能力。在平台功能方面，应从社会公众的角度出发，不断增强搜索功能，加强完善二级搜索，增强对数据的分类分级管理、关联数据管理，便捷社会公众利用公共数据；加强互动和交流板块的设计，及时展示意见交流和互动情况。在数据保护方面，政府部门应建立健全公共数据开放平台的安全管理机制，加强密码技术、身份鉴别技术、数据沙箱技术等关键技术的研究和应用，防范化解公共数据汇聚和开放过程中可能引发的各类风险挑战。

三、创新分类施策、多元互补的交易流通模式

数据要素是标准化程度较低的新型生产要素，其产权特征、价值实现

机理、参与经济活动的方式等与传统生产要素有所不同，需要根据数据要素的不同特点，以统一规则、细分市场的原则，构建双循环、多模式的数据交易流通体系。

（一）内循环数据与外循环数据

基于数据要素价值不稳定、环境依赖性强、价值相对性高、标准化程度低、贡献值难度量的特征，可将数据分为内循环数据与外循环数据两大类。如图4－7所示。一是内循环数据，指数据不脱离原生环境（系统），通过投资控股、多元经营、生态构建等方式，在打通经济生产环节和上下游生态体系的前提下，实现外部数据的内部化，在特定的企业（组织）之间实现数据的动态鲜活产生和实时流通。与之相对应的是内循环交易流通模式。二是外循环数据，指脱离了数据的原生环境（系统），在供需双方之间实现交割的数据，外循环数据交易适用于那些基础性强、时效性弱的数据，且需要定期不定期重新采购（或更新）。与之相对应的是外循环交易流通模式。

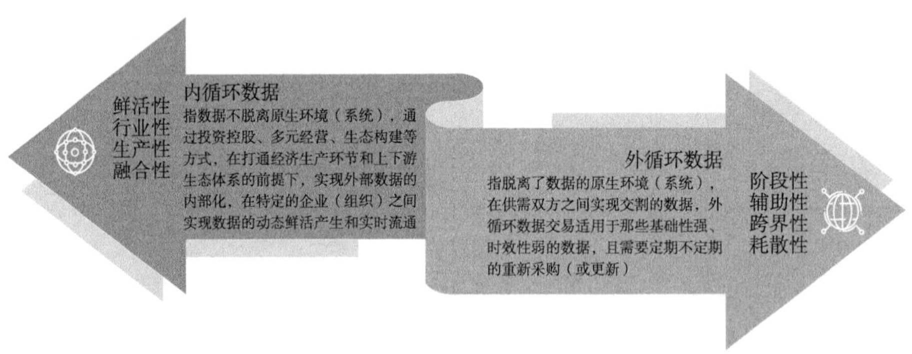

图4－7　内循环数据和外循环数据

二者相比较，内循环数据比外循环数据具有三个明显的优势。一是更具交易流通的可操作性。内循环数据可以通过数据要素的内部化，规避外循环数据交易模式的诸多法律法规限制和具体操作难题。二是更有利于保持数据要素价值。内循环数据不脱离数据赖以产生、更新和应用的生产环境，数据的鲜活性、实时性、聚向性更高，也具有更高的应用价值。三是更好融入经济活动的全过程。内循环模式能够实现数据要素全流程融入经济活动的生产、交换、分配、消费的全过程，实现与经济活动的高度融合，提升实体经济的数据要素创新能力。四是促进企业组织再造和数字化转型。内循环模式促进企业根据关键数据要素需求，调整组织边界、优化组织模式；促进企业对产业互联网的应用，通过内部数字化挖潜产生更多数据。构建数据要素市场、全方位激发数据要素价值，既要通过数据交易制度体系的构建促进数据要素外循环，更要注重引导企业转型重塑来实现数据要素内循环。

内循环数据和外循环数据的分类有利于结束平台公司数据化趋势，也对未来企业组织边界的重构具有重要指导意义。

1. 平台公司是实现数据内循环的典型，反过来，数据内循环也是其生态优势所在。近年来，平台公司依托其强大的技术创新能力、多元化经营布局、产业上下游整合能力，实现了关键数据的内部化，避开了数据要素交易的诸多法律法规限制和实际操作问题，以内循环模式打通了产业上下游的数据流，实现了数据在平台生态体系中的闭环式高效流转，形成了巨大的业态创新能力和数据要素优势。阿里巴巴、腾讯等头部平台企业多年来推进业务多元化、开展产业上下游投资和并购，看似眼花缭乱，实际上都是围绕数据构建生态、巩固核心竞争力展开的。这也可以解释为什么平台公司很少对外部数据提出交易需求，也并不积极主动参与构建数据要素工作，因为平台公司实现了所需数据的内循环，平台数据聚向性、实时性、鲜活性、流动性强，是维持平台生态的“血液”，形成了数据要素开发利用的规模效应和闭环运转。

2. 数据将重构企业边界和组织形态。组织行为学认为，企业边界是指企业以其核心能力为基础，在与市场的相互作用过程中形成的确定的经营范围和经营规模。企业的经营范围，决定了企业和市场的界限，决定了哪些经营活动由企业自身来完成，哪些经营活动应该通过市场手段来完成。

有研究者认为，未来所有企业都是大数据企业。这一观点也许绝对，但是数据对于提升企业竞争力正变得日益重要。在数字化条件下，数据将越来越决定着企业的核心竞争力，企业将以数据要素内循环需要为驱动，重塑企业组织边界。企业经营需要什么数据？提高竞争力需要哪些关键数据要素，补齐哪些数据要素和数据能力短板？这些问题将成为决定企业边界和组织形态的重要因素。通过上下游并购重组和多元化布局，将涉及企业核心竞争力的外部数据要素内化为内循环数据，将成为企业数字化转型的关键。大力引导企业按照数据要素需求优化调整企业组织边界和组织形态，也是促进数据要素服务经济发展的关键举措。

企业实践已经越来越多地体现出了这样的趋势，传统企业巨头也正在围绕数据进行企业边界重构。比如，中国平安通过多元化发展，拥有了全部金融牌照，并重点发展平安科技公司，通过打通金融数据，形成了显著的竞争优势，逐步向一家科技公司转型。三一重工基于其工程机械数据优势，成立了工业互联网企业树根科技。海尔基于其家电业优势和企业经营管理经验，成立工业互联网平台海尔卡奥斯（COSMOPlat）。

对中小企业而言，由于企业实力、资金实力等制约，缺乏平台公司、传统龙头企业的数据内化能力。但是可以逐步通过产业互联网的应用，加快“上云用数赋智”，逐步实现设备数字化、生产线数字化、车间数字化、工厂数字化、企业数字化、产业链数字化、生态数字化的转型，通过内部挖潜采集更多的数据，沉淀更多的数据要素，提升企业生产效率和竞争力。

（二）外循环交易流通模式

针对与产业关联性弱、时效性较低、发挥生产经营辅助性作用的数据要素，主要采取外循环交易模式。外循环交易模式包括三类：一是场外交易模式。适用于数据供需双方较为了解，且对产权界定、数据质量等问题争议较小的交易活动。其优势是交易易于达成，数据商品不会被第三方侵占。其缺点是数据交易不透明，不利于市场监管，容易侵犯第三方数据主体权益，完整数据集的质量不可控。二是场内交易模式。适用于数据供需双方彼此不熟悉，数据交易涉及较多问题，需要第三方举荐撮合的交易活动。其优点是能够在更广的范围内获得更多的交易撮合机会，可以有效监管，规避法律和安全风险，保障各方权益。其缺点是交易撮合的效率较低，由于供需双方形成首笔交易后，后续数据交易可不用第三方平台直接交易，交易模式可持续性较低。三是数据服务模式。适用于数据权属较为复杂、数据要素不宜交割、数据分析利用需要较强专业知识的交易活动。

（三）内循环交易流通模式

针对与产业关联性强、时效性较高、发挥生产经营关键赋能作用的数据要素，主要采取内循环交易模式。内循环交易模式可保持数据要素的鲜活性，能够最大化实现数据要素与生产经营活动的融合创新，具体包括三类：一是资源互换模式。针对产业上下游协同密切的数据供需双方，通过以数换数、交叉换股等手段，实现关键数据要素的资源互换。二是数据内化模式。针对数据密集型龙头企业，采用投资控股、多元发展模式，将上下游关键数据要素内化为企业内部数据，实现企业组织边界优化和业务模式创新拓展。三是生态协作模式，针对一些具有产业生态整合能力的公司，采用龙头公司带动、上下游企业协同的方式，实现产业生态体系内部数据的高速有序流通。

切实发挥数据要素的经济价值，需要重点鼓励发展数据要素内循环的新型模式。一是加强产业互联网应用。促进企业开展产业互联网应用，从生产的源头环节加强数据要素生产和创新，切实发挥好数据要素促进生产效率提升、促进实体经济提质增效作用。二是鼓励企业组织边界重塑。鼓励企业从畅通数据要素内循环、加强数据要素开发利用的视角，开展兼并重组和多元化经营，扶持一批以数据为核心竞争力的创新型企业。三是加强产业生态协同。引导产业上下游企业采用以数换数、交叉控股、集群协同等多种形式，畅通产业上下游关键数据流，以数据要素的循环融合，提升产业链生产力水平和价值链创新能力。四是加强平台数据监管。针对平台公司内循环数据要素闭环流通的特点，加强平台数据监管，规避数据垄断、数据滥用、平台二选一等问题，引导不同平台体系间的数据有序流通，推动平台数据有序向产业上下游中小微企业依法有序开放。

数据的两种循环交易流通模式对比，如表 4 – 3 所示。

表 4 – 3　多元化数据交易流通模式

流通类型	交易模式	描述
外循环流通	场外交易模式	数据供需双方就数据交易的内容进行约定，签订数据交易合同，一方交货，一方付款，完成交易
	场内交易模式	在政府监管下，在具备相应牌照资格的集中场所，经第三方撮合达成数据交易
	数据服务模式	数据提供方以专业化数据分析和处理服务方式满足数据需求方需求，需求方只获得数据分析的结果，不涉及数据权属的让渡
内循环流通	资源互换模式	产业上下游根据业务需求以数据换取数据，实现互利共赢
	数据内化模式	数据需求方直接投资控股数据提供方，实现数据要素内部化
	生态协作模式	具有行业整合能力的企业，通过构建产业生态体系，打通上下游数据，实现数据在生态体系内循环

第五章

创新提升数字化治理能力

数字经济发展带来了生产力、生产要素、生产关系的全方位变革，新模式、新业态、新技术的广泛应用，形成了一系列全新的治理问题与挑战，也对国际经济格局产生深远影响，需要加快数字经济治理理念、治理方式、治理手段的全方位变革，加快相关法律法规体系建设完善，统筹好发展与安全两件大事、国内和国际两个大局，加快构建与数字经济发展规律相适应的新型治理体系，更好调节数字经济生产关系，在充分激发数字经济创新活力的同时，有效治理和应对各类潜在风险，提高我国数字经济治理体系和治理能力现代化水平。

第一节　数字经济治理面临的挑战

数字经济不断催生出新产品、新技术、新模式、新业态，形成了不同于工业经济发展规律的新特征，对传统治理理论和方法提出了挑战。从监管侧看，对数字经济发展规律把握不足，调节数字经济新型生产关系不到位，对新模式、新业态有效监管不足，部分领域监管机制不适应数字经济发展需要，存在监管失灵的风险挑战。从市场侧看，产业资本热衷于“抢风口、抓热点、挣快钱”，在完全市场竞争条件下会造成资源在部分地区、部分领域和部分企业不断积聚，马太效应更加明显，形成发展失衡、数字鸿沟、平台垄断、数据滥用等问题，资源无法有效配置，存在市场失灵的风险挑战。从创新侧看，数字经济的关键核心技术创新体系存在显著的生态型特点，常规的创新模式难以有效摆脱核心技术受制于人的局面，存在常规创新模式失灵的风险挑战。从安全侧看，数字经济安全突破了传统的网络信息安全的范畴，算法安全、产业链供应链安全、数据流通安全、资源配置安全等新挑战无法利用传统的信息安全防护思维理念和技术手段应对处置，存在传统安全防护手段失灵的风险挑战。如图 5 - 1 所示。

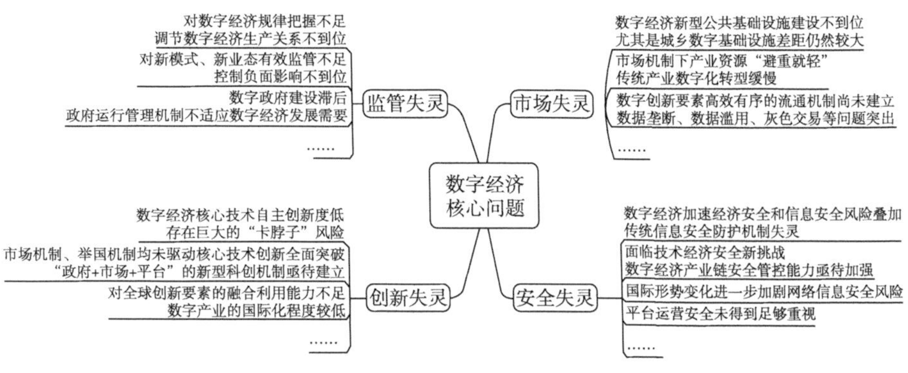

图 5 - 1　数字经济治理面临的突出问题

一、监管失灵风险挑战

数字经济具有虚拟性、高附加性、高渗透性等一系列特点，其治理模式也必然与传统经济治理模式截然不同。用传统的治理手段很难去监管数字经济业态，在诸多新生领域存在监管失灵风险挑战。现代政府的机构设置、职责定位、治理模式是在工业经济发展过程中建立起来的，大量的制度规则体系、治理流程和模式适用于工业经济、实体经济治理。沿用现有的监管法规制度去监管数字经济新业态，往往出现“一管就死、一放就乱”的困境。一是规律认识不足，造成“不会管”的风险。数字经济总体上仍然是新生事物，由于很多发展规律和特征还认识不清、把握不准，数字经济涌现出大量的新业态、新模式超出了传统治理体系的范畴，对于监管手段的力度、尺度、精度都提出了更高的要求。二是监管手段不足，造成

"管不住"的风险。数字技术企业、数字经济活动呈现数据密集、技术密集、算法密集的特征，一定程度上形成了监管主体和监管对象之间的"能力鸿沟"，造成"管不住"的风险挑战。三是监管协同不足，造成"管不好"的风险挑战。由于数字经济的跨时空、跨领域特征，目前按地域、按部门分工监管的模式与之不相适应，一定程度上造成监管尺度不统一、监管政策不衔接的倾向，影响了监管效果。

加快数字经济治理体系建设是确保数字经济持续健康发展的重要前提。为此，一要深入研究数字经济发展规律，加快健全完善数字经济治理政策法规体系，为构建包容审慎的监管能力提供法律依据。二要加强数字政府建设，加强大数据、人工智能、区块链等新技术在政府治理中的应用，弥补政府监管中出现的数据能力、技术能力不足的监管能力短板。三要加快构建协同监管机制，提升跨部门、跨层级、跨区域协同监管能力，形成事前事中事后全链条全领域监管体系。同时，充分发挥社会监督、媒体监督、公众监督的积极作用，及时化解矛盾纠纷，维护数字经济相关各方的合法权益。

二、市场失灵风险挑战

数字经济放大、倍增、叠加效应促进了数字技术企业的迅猛发展，一些龙头企业依靠数据优势、技术优势和生态优势往往形成十分明显的竞争优势，在部分领域形成"赢者通吃"的现象，甚至出现数据垄断、平台垄断、生态垄断的情况。一些大平台通过轴辐协议、排他性协议等抑制其他竞争者的进入和发展，影响市场的公平竞争。在纯市场机制下，数字经济产业资本扎堆投资于热点地区、热点领域和热点行业，如果没有适当的政策引导，会造成产业资本"避重就轻"挣快钱，传统产业数字化转型缓慢，偏远地区新型基础设施建设投入不足，新业态创新不足等问题，会进一步拉大城乡数字鸿沟，形成数字经济领域新的区域发展失衡。

加强数字经济治理体系的建设，特别是加强对头部企业的监督规范、数据安全的监督立法、产业政策的制定引导显得尤为重要。一是防范数据垄断，特别是防范大型平台公司拥有并垄断更多的数据资源，防止事实上形成垄断优势和“一家独大”的局面，制定相关政策法规要求平台公司搜集数据时应遵循授权原则和最小必要原则。二是加强数据治理，明确数据的所有权、使用权、管理权、存储权、交易权、定价权、监管权等内容。加强对流通环节的把控，对数据采集、传输、存储、计算、可视化等各环节设置权限并实施解密。要加强我国密码算法基础研究，建立中国算法库，形成中国数字经济理论体系。三是加快制定数字产业政策，加强数字经济政策在市场失灵领域的引导作用，重点向核心技术领域、欠发达地区、中小微企业等市场资本“眷顾”较少的领域出台数字化转型政策，实现数字经济的务实发展、均衡发展和高质量发展。

三、创新失灵风险挑战

关键核心技术是确保数字经济长期可持续发展的“国之重器”。我国自“863”计划开始，就在核心芯片和操作系统等关键基础软硬件技术上加大研发力度、提升自主创新能力。但是由于关键核心技术创新需要一个长期积累、构建生态、供需匹配、越用越强的过程，创新突破难度高于一般技术。当前，我国数字技术创新仍然依附于美国主导的技术生态体系，由于无法掌握根技术，缺乏创新的主动权，存在极大的“卡脖子”风险。从国内看，产学研用协同创新力度不够，技术创新与市场应用推广衔接不足，由于缺乏健全的产业生态配套，一些技术创新面临“有成果无市场”、无法大规模推广应用的窘境；从国际看，我国在全球创新网络中的话语权不足，对全球创新要素的整合利用能力不足，数字产业的国际化程度较低。

如何实现核心技术自主创新？多年的实践表明，单纯靠加大资源投入力度难以实现有效创新突破，必须根据核心技术创新发展规律，构建形成更加有效、更有针对性的技术创新模式，充分发挥新型举国体制的优势，走出一条核心技术自主创新的新路子。一是要注重根技术突破。要加强事关数字技术创新的基础研究工作，在纷繁复杂的数字技术体系中抓住根技术这个“牛鼻子”，结合实施国家科技重大专项，发挥新型举国体制的优势进行重点攻关。二是要注重技术生态构建。要加强政产学研用更加紧密的协同联动，尤其要注重技术创新供给与应用需求之间的衔接，围绕核心技术培育技术生态体系，避免出现创新脱节。三是要优化创新模式。充分发挥开源社区广汇要素、统一路线、快速迭代、共创共赢的模式优势，加快构建具有中国特色的高效组织型原生开源社区，推进芯片、操作系统、人工智能等核心技术创新突破，形成自主可控的根技术体系。推进开源创新模式在工业互联网、机器人、无人驾驶、数字孪生、工业设计基础软件、城市信息模型（CIM）等领域的应用，探索建立开源贡献奖励、揭榜攻关等组织形式，逐步打造形成技术基础架构统一、基础研究共享、生态化协同创新的开放创新网络。

>> 什么是根技术？

根技术是一种形象的说法，是指对其他相关技术具有决定性影响力和技术创新生态控制力的底层核心技术，是滋养、衍生上层技术创新的重要依托。根技术看似在底层，却是掌控技术创新生态体系的“无形之手”，苹果、微软、谷歌、亚马逊等国际数字经济龙头企业都是通过掌握根技术、站在创新生态体系的顶端，获取最大份额的创新红利。同一般的技术相比，根技术具有基础性、衍生性、生态性特点，研发创新的难度也更高，只有少数国家和企业才能够掌握，是实现科技自立自强的关键所在。不同的领域有不同的根技术。数字技术领域的根技术包括芯片、操作系统、数据库、人工智能框架、核心算法等。无根的创新终不长久，也无法摆脱受制于人的局面。避免创新失灵，要高度重视根技术创新，并依托根技术形成共创共赢的技术创新生态体系。

四、安全失灵风险挑战

数字经济发展带来了一系列新的安全治理问题。由于数字经济的强渗透性，数字经济安全是经济安全、科技安全、网络安全、数据安全、人工智能安全的交叉叠加，涉及国家总体安全观中的三个领域五个方面，安全治理难度显著高于单一领域安全问题。显然，传统的网络信息安全管理的理论方法和技术体系无法完全有效应对数字经济安全挑战，存在传统安全手段失灵的风险，亟待构建新型数字经济安全机制。

如何全面提升数字经济安全治理能力？一是必须坚持系统观念，根据多风险因素交织叠加的新趋势，形成更加综合、系统、有效的立体化安全治理体系，加强经济安全、科技安全、网络安全、数据安全、人工智能安全治理的协同联动。二是要抓住数据安全的关键。在《中华人民共和国网络安全法》《中华人民共和国数据安全法》《中华人民共和国个人信息保护法》等法律法规基础上，不断完善数据治理法规体系，推动数据安全管理，建立数据采集汇聚、共享开放、数据登记、交易流通、安全监管等制度，提高数据治理制度的可操作性。三是增强网络安全防护能力。要加强网络安全基础设施建设，推进《关键信息基础设施安全保护条例》落实落地，坚持关键信息基础设施与安全防护体系建设同步规划、同步建设、同步使用。着力培育一批技术过硬、专业高效的信息安全龙头企业。四是构建常态化安全协同机制。提升各部门数字经济安全相关政策法规及工作机制的协调联动水平，探索建立数字经济安全风险的预警研判平台，借助云计算、大数据、区块链和人工智能等技术，全方位监测评估数字经济安全风险隐患。

第二节　数字经济治理理论

一、传统治理理论综述

数字经济在创新构建新动能的同时，也给政府治理带来了新的挑战，传统的多中心治理、自主治理、网络治理和整体治理模式等已经难以满足数字经济的发展。新的经济模式亟须利益相关各方的互动和参与，达到多行动主体的协同治理，做到公开、透明、公平、公正、协调、可持续。当前，针对数字经济的协同治理理论尚未形成，具有较好参考价值的是公共管理领域的相关治理理论。要结合数字经济发展的新规律、新特征，在系统性参考借鉴国内外相关研究理论的基础上，探索研究适用于我国数字经济的协同治理机制和政策体系。相关治理理论如图 5 –2 所示。

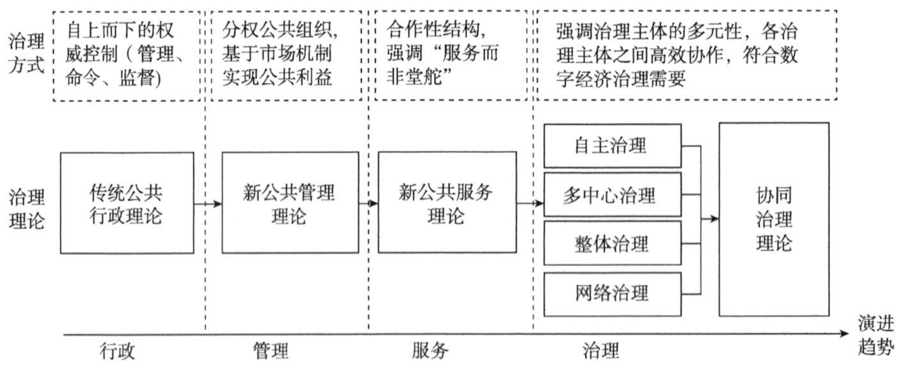

图 5 –2　治理理论发展脉络

公共管理领域的治理理论起源于19世纪末，经过100多年的发展，先后出现了传统公共行政、新公共管理、新公共服务、网络治理、多中心治理、整体治理、自主治理、协同治理等理论，上述理论围绕政府、市场和社会三者间的关系，开展了多视角、多维度的探索和多国别的实践，对数字经济协同治理机制有重要借鉴作用。

各国的公共管理创新实践表明，上述理论均存在各自的优劣势，总体而言，协同治理理念博采众长、符合时代发展趋势，具有明显的比较优势，也对构建形成数字经济协同治理新机制具有重要借鉴意义，总体比较情况如表5－1所示。

表5－1　治理模式优劣势分析

治理理论	优势	劣势
多中心治理	1. 多元化治理 2. 治理主体平等性	治理主体同质性假设
自主治理	1. 公民参与 2. 具有有序管理制度	1. 理论不具有普适性 2. 组织具有封闭性
网络治理	1. 主体多元 2. 通过网络整合资源	1. 以协商方式确定目标 2. 治理环境不确定
整体治理	强调横向和纵向协调的思想和行动	1. 功能整合的技术困境 2. 责任机制模糊
协同治理	1. 吸收多中心治理、自主治理、网络治理理论中关于社会管理多元化治理的要求 2. 吸收多中心治理、自主治理中公民参与的思想 3. 吸收多中心治理的“要以承认政治为基础” 4. 吸收自主治理的有序管理制度 5. 吸收网络治理中整合资源的功能 6. 解决了网络治理责任推卸的缺陷 7. 解决了整体治理责任机制模糊的问题 8. 解决了网络治理环境不确定的缺陷	

二、协同治理理论综述

数字经济催生了平台经济体，更进一步发展出平台经济学。其实不管是平台经济、共享经济，还是租赁经济，都是以平台为重要载体，借助平台实现供需对接和资源共享。2004 年，法国产业经济研究所和政策研究中心在图卢兹联合召开“双边市场经济学”会议，标志着平台经济理论的形成。平台经济体促进了数字经济的发展壮大，但作为流量入口的平台经济体也形成了一种新的垄断。例如，平台公司凭借其雄厚的科技和资本力量，通过入股、合作、收购等方式对各个行业进行战略布局，推动各个行业与互联网深度融合，重点发展基于自生生态体系的独角兽企业。平台经济的快速发展正在内生性地倒逼传统治理模式变革，重构数字经济时代的多元主体互动关系。因此，平台经济治理也成为数字经济治理领域的重要研究内容。

随着平台型企业的发展，近年来国内有关数字经济协同治理方面的研究日益增多。以平台经济为主要特征的数字经济已成为创新发展和产业升级的新引擎和新动能。平台经济在一定程度上消除或弱化了交易壁垒，连接众多的销售者和消费者，释放出新的供给和需求，再加上数据资源具有强大的流动性，以及基于网络的大规模社会化协同分工的出现，使平台经济表现出与传统经济与众不同的商业特点，因此亟待相应治理模式的跟随。随着互联网平台企业的发展壮大，加强数字经济治理，需要政府、市场、平台等多元主体的协同配合。目前，国外有关互联网平台经济协同治理的专门研究尚不多见。一方面是由于很多国家（美国除外）受消费人口数量限制，大型平台企业难以涌现；另一方面由于平台经济是新生事物，至今没有统一、明确的概念，国外已有的一些研究主要聚焦在平台企业治理方面，而不是平台经济治理方面。平台企业和平台经济在概念上有着一定的区别，前者是一种经营实体，后者是一种经济形态，对经营实体的治理更强调确保其经营合法性，对经济形态的治理则增加了促进其发展的含义。因此，国外的平台企业治理研究更突出强调发挥法制作用和行业企业自治作用，而对平台经济或平台企业治理模式的研究则涉及不多。美国主要利用反垄断法规来促进新型互联网平台企业的竞争，2015 年，雷尔·麦克斯威指出反垄断法不仅没有过时，反而对于培育创新、开放和竞争的高科技市场仍然发挥着非常重要的作用。但鉴于互联网高科技行业重视技术创新的特点，美国政府在反垄断执法时对政策目标进行了适当调整，从原来的保护消费者和促进市场有效竞争转向更加强调保护创新。

第三节　构建多元协同的治理体系

加强数字经济治理，需要构建政府、市场、平台协同联动的格局，形成有为政府、有效市场加有责平台的创新治理，打造“治理体系 + 市场机制 + 创新机制 + 安全机制”的协同治理体系。总体框架如图 5 – 3 所示。

一、加快政府治理体系变革

针对“监管失灵，新型生产关系调节不到位”的问题，政府部门需要从完善法律法规、创新监管方式、优化营商环境等方面入手，加快政府治理体系改革。

（一）完善法律体系

加强数字经济制度安排，确保多元主体的共同行动能力，首要的就是

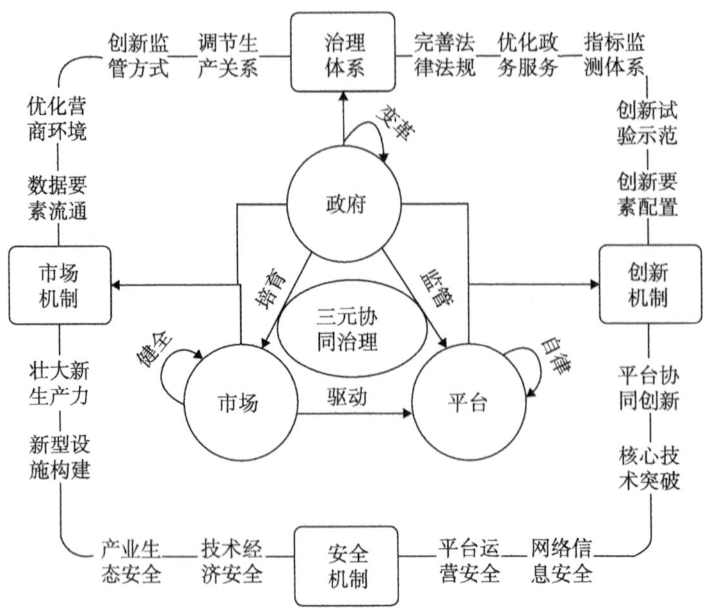

图5－3　“三元四维”治理结构逻辑示意图

完善数字经济法治环境。通过法治建设，维持公平的市场竞争秩序，维护各个主体的合法权益，严厉打击各种数字经济违法和侵权行为。这既是数字经济协同共治的前提，也是治理的重点。

一是加强数据保护。信息泄露和侵犯隐私是数字经济领域最为突出的法治问题之一。当前，电子商务、网络求职、网络约车等互联网平台上充斥着大量的隐私信息，这些信息一旦在网络上公开，由于网络信息传播的不可控性，就成“覆水难收”之势，很难阻止数据流入灰市黑市，这对传统侵权责任的分析和判定带来新的难题。因此，要在强化《中华人民共和国数据安全法》《中华人民共和国个人信息保护法》执行力度的同时，出台更多可操作性强、预防性强的具体管理办法，将数据侵权滥用等行为防范于未然，形成事前阻断、事中监管、事后惩戒的全流程保护机制，防止一些不法商家、机构甚至数字经济企业非法利用数据谋取不正当利益。

二是合理规制行业垄断。一方面，数字经济“头部效应”非常明显，“赢者通吃”的现象比传统经济业态更为突出。一些以互联网为代表的高科技领域公司通过买断竞争者或开发竞争性服务，凭借技术优势，迅速控制新市场，其他企业主体只能得到很小的市场份额。互联网带来的不完全是数字鸿沟的消除和更加公平的市场竞争，可能反而增加差异性和不公平程度。因此，反垄断是数字经济进行规制的一项重要内容。特别是对自然垄断性强，采取排他性交易等方式分割市场、限制竞争的行业必须采取干预措施，用好以反垄断为代表的竞争调节工具。另一方面，也必须认识到网络经济具有一定的集聚效应，在一定时期存在较大市场份额占比的数字经济机构和垄断性行业结构是客观存在的。数字经济的关键是数字技术，正是对技术创新的追求才推动行业不断发展，而具有技术创新动力和能力的企业必然寻求技术垄断地位。但这种垄断并不一定会抑制和排斥竞争，也并不必然会阻碍技术发展。因为数字经济迭代发展很快，技术垄断往往也只是暂时的，总有后来者或外来者加入到竞争行列中。此外，具有垄断地位的企业为了保住其市场地位，必须不断地进行技术研发和创新，从而改善产品和服务质量。因此，在无法确切认定垄断负面效应的情况下，如果过于求快、过于简单、不加区别地对有关数字经济企业或活动进行反垄断规制，可能会抑制企业的技术创新，也不利于数字经济的发展。因此，对于由于行业或产品自身特点而形成单一竞争局面的企业，不能一味强调法律规制和政府干预，要把重点放在加快市场竞争、维护市场价格秩序方面。

三是做好知识产权保护。数字经济的创新动力是数字技术，数字经济企业的价值不单单是通过营业额体现，更多体现为其独特的商业理念、拥有的知识产权和研发能力，因此数字经济时代知识产权保护的重要性更加突出。一方面，网络环境下信息传播和获取的速度非常快、获取成本也非常低，很容易导致创新活动的“搭便车”现象，知识产权通过对权利人专有权的保护，对企业创新活动形成巨大激励作用，必须确保通过知识产权保护激励企业进行创新的积极性。另一方面，在现代信息技术不断发展的过程中，知识产权与市场竞争的矛盾更加突出。如何在保护好知识产权人合法利益的同时，充分发挥数据、技术、知识的正外部性，促进共享共创共赢，需要寻求新的切入点。根据欧盟的经验，知识产权的竞争和合作的平衡点在于协同创新。一是要将创新作为判断阻碍竞争的标尺，把是否阻碍创新作为调查和评判垄断行为的重要参考因素。二是有条件接受效率抗辩原则，《欧盟运行条约》第 101 条就有促进技术进步的豁免事由，我国的反垄断法第 15 条也列举了改进技术、研究开发新产品，可以得到垄断豁免。因此，一定期限内排除限制竞争的行为，如果是促进科技进步的必要，是可以豁免的。

（二）构建协同机制

一是明确协同数字经济监管的界定标准。由于数字经济发展快，具有新经济的特征，法制监管往往很难跟上，各地对数字经济企业的违法行为的处置也就存在一定的非标准化和随机化等现象。因此，就要从法律层面对标准和规则等问题进行明确的界定，为各地执法机构提供统一的依据。标准的协同还包括技术层面的协同，尤其是在大数据的应用方面，标准化的统计口径、接口、计算方法，对于数据的高效利用和各个主体的有效合作具有重要作用，也可以有效减少因各个企业数据标准不对称带来的监管障碍。对于这些问题，要统一协调政府与行业组织之间的标准，制定统一的技术标准规范。标准协同主要包括在法律法规中引用标准、为法律法规实施制定配套标准和根据法律法规的规定建立标准体系等。

二是协同企业规则和法律体系。数字经济具有自组织性，数字经济秩序的维护需要依托数字经济企业完善的规则体系。协同企业规则和法律体系，重点是将数字经济企业规则与相关的法律法规做有效的链接和协同，比如裁判者在裁定有关纠纷时，如果其适用的法律规范本身存在内容粗疏、模糊等问题，则很难获得准确、令人信服的判决，而法律规范本身也可能被错用、滥用，以致法律文本无法有效实施。而数字经济企业通过自身积累的各类海量交易和行为数据，能够提供相对精准的数据支持，可以较为清晰地预测或判断有关事件，不断完善自身运行机制和运行制度，减少人为的干预和事后的解释。企业也可以在每个交易行为发生前就将规则的具体内容和合规方案传递给规制对象，一定程度上使规范适用自动化，由此规避了解释和适用不确定性为规范落地带来的困难。在法律的修改和完善的过程中要注重吸收和借鉴数字经济企业的规则，将企业规则的部分有益经验纳入法律层面并加以推广应用。

三是制定面向社会主体的协同治理规则。数字经济涉及公民主体众多，既要建立激励规则来刺激公民参与，又要建立制约规则来防止公民滥用参与权。数字经济属于蓬勃发展的新生事物，相关的治理规则刚刚起步，很多地带还是治理和监管的盲区，对于社会治理主体如何分工、如何合作尚未达成共识。比如，以网约车为代表的平台经济治理，理论界和实际工作者在企业主体应承担哪些协同共治责任方面达成了一定的共识，但对于行业组织、公民个人等各方应具体承担什么样的治理责任、如何履行治理权则没有统一认识。这些问题的解决，都有赖于社会主体协同治理规则体系的建立与完善，让各社会组织、公民等第三力量有序参与数字经济治理。

（三）创新监管方式

针对我国数字经济发展对政府市场监管治理带来的新挑战，需要尽快建立适应数字经济发展的市场监管手段和模式，更好地促进国家治理能力和现代治理体系建设。

一是包容审慎、底线监管。对于数字经济的政府监管，首要问题是明确监管尺度和原则。当前新技术、新产业、新业态、新模式层出不穷，它们在发展模式、机制和特点等方面与传统经济有很大的不同，有的远远超出了已有的认知能力和水平。简单套用已有的监管思维与监管做法，很难做到“对症下药”，要避免出发点是好的，但形成政策收缩预期效应、影响新经济发展的情况发生。历史经验告诉我们，任何新生事物的成长，首先需要的是一个宽松的发展环境，因此，政府监管应当贯彻“包容审慎、底线监管”的原则，守住法律法规的底线，只要在法律认可的范围内，就宜将广阔的空间留给各类市场主体，政府不要轻易出手。特别是对有些一时看不准的东西，可以先观察一段时间。当然，那些已经经过实践证明会造成严重不良后果的，则要严格加强监管，果断出手。

二是开放协同、多元监管。数字经济具有更加复杂的运行规律，需要发挥有为政府与有效市场的作用，加强政府、市场与社会组织协同共治的扁平化治理和监管。一方面，针对存在的多头执法、重复检查、标准不一等问题，要按照权责匹配的原则构建形成统一的数字经济治理框架和规则体系，形成跨部门、跨地区、跨领域、跨行业、跨系统的协同监管机制，实现监管尺度统一、监管标准互动、监管工作协同、监管结果互认，消除监管盲点，降低执法成本。另一方面，要发挥好平台的自律作用。平台是数字经济新业态的重要载体，连接着产业上下游的多元参与主体，既是交易的平台、数据的平台，也是信用的平台和消费者保护的平台，形成了一系列产业生态内部的重要业务规则，影响力和带动性很强。因此加强对数字经济的监管，要充分发挥好平台的作用，将平台作为落实监管理念、监管底线的重要抓手，带动整个产业生态的规范发展，对于一时看不准的东西，则可发挥平台的试点探索作用，在实践中总结提炼符合数字经济新业态的发展规律。此外，要发挥好行业协会等组织的作用，提升行业自律能力，调解会员单位之间，会员单位与法人、其他组织之间相关民事纠纷。在数字经济时代，政府监管要取得实效，除了要有传统的、自下而上的政府层级结构的权力线，还必须与各类主体建立起常态化的协同机制，这是提高数字经济治理的重要手段之一。

三是数据赋能、智慧监管。大数据已成为提升政府治理能力的重要手段。在对数字经济的政府监管创新中，要十分重视大数据技术的应用，形成“用数据说话、用数据决策、用数据管理、用数据创新”的治理能力。首先，要加快推进数字政府建设，实现政务治理活动的网络化、数字化、智能化，特别是涉及企业、群众日常需要办理的事务，应尽快全部在网上运行。其次，要加快推进数字经济活动的数据化，做到主体画像数据化、经济行为数据化、产业生态数据化，在数据汇集的基础上发现规律，发现风险点和薄弱环节，进而增强监管的针对性和有效性。最后，要努力打破各类信息孤岛，实现数据按需、高效、有序开放共享，加强基于实时大数据的动态监管。

（四）优化政务服务

深入推进“放管服”改革，优化政务服务，是提升治理效能、建设人民满意型政府、构建数字经济发展环境的重要途径。

一是树立“我要服务”意识。首先，依托各级政务服务系统平台，对服务中心进驻事项进行流程再造，推行“前台综合受理、后台分类审批、统一窗口出件”的服务模式，申请材料一个窗口一次提交，让群众只跑一次、只进一门。其次，探索推进代办服务，在省（自治区、直辖市）、地

（市）设立代办服务机构，免费提供便捷高效的代办服务，努力营造优质服务的良好营商环境。最后，开通自助服务、邮政免费取件与寄件业务，提高办事效率。

二是激发市场活力和社会创造力。首先，要减事项。围绕权力清单、负面清单、责任清单“三张清单”，把手中的权力放出来，对行政审批事项做到该取消一律取消、该下放一律下放、该合并一律合并。其次，要减环节。进一步加强数据共享和信息交互，减少审批环节；探索推进“容缺受理、信任审批”改革，健全监管机制；采取允许“一址多照、一照多址”、业务开办注销“一窗通”等便利化措施，增强服务意识，提高服务效率。最后，要减流程。建立“即办件”“承诺件”制度，探索推行“首席代表”审批机制，将审批权限授予“首席代表”，实现“一个人”完成审核、“一枚章”终结审批、“一处跑”办理完毕的办事流程改革目标。

三是发挥“互联网+”叠加效应。一方面，要用好互联网大平台，打造全区政务服务“一张网”，实现“一网通办”、异地可办。另一方面，要加强网上监管。建立健全网上办事效能监管平台运行机制，完善在线实时监管、满意度测评、综合绩效评价及结果运用等监测指标体系，切实提高行政效能和群众满意度。

四是建立考核激励机制。首先，要实行标准化管理，制定政务服务规范，建立起政务服务的标准体系，实现服务质量目标化、服务方法规范化、服务过程程序化。其次，要加强考核监督。建立“互联网+政务服务”工作绩效考核制度，重点将行政审批和公共服务效能、政务数据共享、政务服务配合、信息安全等纳入绩效考核。再次，要加大问责力度。在政府门户网站设立曝光纠错栏目，“刀刃向内”，对不作为、乱作为、慢作为、漠视损害群众合法权益的行为依法依规进行问责处理。最后，要加强培训推广。加强“互联网+政务服务”业务培训，加强专业人才培养。加强宣传推广，调动公众、媒体、专家、第三方组织等社会力量参与改进政务服务的积极性。

（五）优化营商环境

营商环境是各地区发展数据经济的重要软实力和核心竞争力，主要从以下几个方面着手。

一是完善营商环境顶层设计。首先，推出优化营商环境专项行动。明确优化营商环境的总体目标、工作重点、保障措施，细化各项重点任务的进度安排、完成时限，厘清各区、各部门职责分工。其次，建立健全组织领导机制。成立加强和改善营商环境工作领导小组，以深入推进营商环境试评价工作为契机，建立健全部门负责人联系服务企业机制、企业困难承办协调机制以及重点难点工作督办机制。最后，加强营商环境监测评比工作。将营商环境评价纳入领导干部绩效考核范畴，奖优惩劣。

二是优化政府公共服务供给。首先，保护产权。完善平等保护产权的规范性文件，严格落实财产征收征用制度，大力推进法治政府和政务诚信建设，实施最严格的知识产权保护制度。其次，加强监管。按照国家机构改革部署要求进一步集中监管职能，进一步完善市场主体信用信息公示系统功能，建立健全跨部门联合惩戒机制，实现“一处违法，处处受限”。最后，维护公平。鼓励、支持、引导非公有制经济发展，保证各种所有制经济依法同等受到法律保护，支持民营企业家创业发展。

三是构建多元化投融资体系。首先，优化金融信贷营商环境。鼓励金融机构建立专业化分类、批量化营销、标准化审贷、差异化授权机制，探索建立知识产权、应收账款及与环境相关的收益权、排放权、排污权担保抵押机制，解决小微企业融资难问题。其次，定制专属投融资服务。针对重大产业项目、总部经济项目和世界500强企业投资项目，量身定制包含风险投资、股权投资、供应链融资在内的专属投融资服务。最后，构建多层次资本市场。加大对企业股份制改造、挂牌交易和上市发行股票的支持力度，发挥政府引导基金带动作用，建立“私募股权基金+上市公司+政府引导基金”模式的产业引导基金，引导社会资本设立各类风险投资基金。

四是培育人才创新创业沃土。首先，运用大数据技术提高人口精细化管理水平。以现有人口数据库为依托，以视频监控、全球定位系统（GPS）地图动态数据为补充，建立标准化、网格化人口管理服务系统，加强人口动态监测和战略研究，摸清人口活动规律，梳理掌握人口与经济社会发展、空间布局、产业结构的内在关联机理。其次，坚持“引、育、用、留”一体化发展。强化市场发现、市场认可、市场评价的引才机制，研究制定基础研究型人才、应用型人才和科技成果转化型人才的评价标准和评价方式，逐步将岗位聘任、考核评价、收入分配等管理权下放给用人单位。最后，推进基本公共服务均等化改革。推进基本生存服务均等化、基本发展服务均等化、基本公共安全服务均等化、基本环境服务均等化，展现城市开放包容新姿态，解决外来人口后顾之忧，提升城市吸引力和竞争力。

二、健全数字经济市场机制

针对“市场失灵，新生产力潜能释放不充分”等问题，政府部门需要从数据要素流通、新型设施构建、产业数字化等方面入手，健全数字经济市场机制。

（一）完善数据要素市场

我国在建设数据要素市场体系、推动数据要素市场化配置等方面已经开展了多个区域性试点，形成了较好的示范效应，但仍存在诸多问题，政府部门需要多措并举，完善数据要素市场。

一是推动数据交易流通，助力各行业转型升级。应加速政府数据流通应用，加快推动各地区各部门间数据共享交换；加速产业链上下游层面社会数据流通，减少信息不对称；加速跨行业层面社会数据流通，以数据融通推动各产业融合创新发展；加速面向科研创新的数据流通应用，通过政府数据、社会数据等多维数据与人工智能结合，充分发挥海量数据分析应用在基础理论突破和重大科技创新等方面的作用。

二是引导鼓励社会各类创新主体加快数据交易流通相关技术研发应用，强化技术保障。加快5G、边缘计算、云计算、人工智能等技术研发应用，全面提升数据传输、存储、计算、分析能力，提升数据交易流通应用效率；加快量子加密技术的开发应用，解决数据交易流通中的安全保密问题，确保数据安全；加快区块链技术在数据交易流通中的应用，确保数据流通可溯源，解决数据交易流通中数据非授权复制和使用等问题。

三是构建安全高效的数据交易体系，支撑数据要素跨行业、跨地域流通。包括加快制定数据交易应用相关标准规范，加快建立分级别、分领域的数据交易平台体系，探索推动数据要素跨境交易流通。

四是完善法规政策及监管体系，确保数据交易流通健康有序。首先，要推进立法，加快数据确权，明确数据采集权、控制权等核心权属，厘清相关方的法定权利和义务；其次，建立健全数据要素交易规则和交易风险防范处置机制，完善数据要素交易信息披露制度，规范数据交易行为，健全投诉举报查处机制；最后，健全数据要素流通应用治理体系，建设完善涵盖政府机构、行业协会、平台企业等在内的分工协作治理体系。

五是完善公共治理相关数据的流通应用体系，助力打造共建共治共享的社会治理格局。加强公共治理相关数据的规范标准建设，加快公共治理相关数据的开放应用，建立公共治理相关数据流通的协同考核、追责问责机制。

（二）构建新型基础设施

推动新型基础设施建设是建设现代化经济体系、发展数字经济、提升我国经济国际竞争力的必由之路。

一是构建高质量的5G网络。5G作为新一代信息通信技术，是开启万物互联数字化新时代的重要新型基础设施。5G将与交通、制造、能源、医疗、教育等众多行业融合，催生诸多应用场景。因此，有关部门应当统筹规划5G网络的建设，构建一张高质量的5G基础网络。

二是推进新一代人工智能基础设施建设。有关部门应当加快新一代人工智能新型基础设施规划与建设，重点推动新一代人工智能开放平台、人工智能大数据中心与医疗、教育、健康、交通、物流等行业的融合发展。

三是构建全国一体化国家大数据中心。近几年，多地政府提出要发展大数据产业，基础电信运营商、互联网巨头、信息通信设备制造商、地方政府纷纷投资建设自己的大数据中心。但这些大数据中心大多各自为政、相互分离、互不协调，不仅缺乏一体化的战略规划，而且重复建设和资源浪费问题极为严重。应当从国家整体数据主权和数据安全的战略高度出发，构建全国一体化国家大数据中心，从全局的角度进行顶层设计，集中有效资源，高效快捷地实现一体化的国家大数据平台的集成。

四是构建全国工业互联网基础设施体系。工业互联网作为新型基础设施，主要从数字化阶段、网络化阶段、智能化阶段三个阶段助力企业转型。按照国家战略部署，应当组织信息通信企业通过改造已有网络、建设新型网络等方式，建设低时延、高带宽、广覆盖、可定制的工业互联网，并建设一批基于5G、窄带物联网（NB-IoT）、软件定义网络（SDN）、网络功能虚拟化（NFV）等新技术的测试床。同时，要重点建设国家工业互联网安全技术保障平台，构建工业互联网设备、网络、平台、工业 App 等的安全评估与监管体系，定期开展工业互联网安全应急演练，确保工业互联网基础设施的运行稳定与安全。

五是构建支撑数字乡村的新型基础设施体系。在我国人口持续向城镇聚集的大趋势下，建议重点规划和建设促进城乡融合发展的新型基础设施体系。真正实现农业农村的现代化，必须坚持乡村振兴和新型城镇化双轮驱动与并行发展战略，尤其要重点促进农村电子商务发展、远程医疗服务、远程教育培训以及构建数字农业基础设施，比如完善自然资源遥感监测“一张图”和综合监管平台，对农田实行动态监测等的新型基础设施建设，为实施乡村振兴战略奠定良好的基础设施保障。

（三）推进产业数字化

优化政府服务，提高政策精准度，统筹研究制定相关政策及配套措施，整合财税、金融、人才、土地等方面的政策力量，全力推动传统产业数字化转型。

一是加快建设数字技术高效供给体系。要加快建设一批数字经济创新平台载体，提升技术创新水平，尤其是要有效提升原创技术以及基础理论研究创新水平；培育建设一批优势特色学科和专业，加强人工智能、大数据、云计算等数字技术的基础研究；整合全球人才及平台资源优势，加快与全球顶级科研机构及人才团队合作，组织实施一批重大科技攻关专项和示范应用工程，推进数字技术原创性研发和融合性创新；支持企业建设高水平的、具有行业影响力的企业技术中心，引导企业积极参与国家数字经济领域“卡脖子”技术攻关、大科学工程、大科学装置建设以及国际国内标准制定等。

二是着力解决数字创新人才紧缺问题。首先，明确数字创新人才的能力素质标准。在充分考虑企业对人才能力需求的基础上，对各级数字技能人才的专业能力以及业务运营、风险管控等能力作出界定，推动数字专业技术人才与各传统行业的融合。其次，深化校企合作、政企合作，通过建设企业大学、企业培训基地等方式，鼓励高校根据市场人才需求开设相应的培训课程，为培育既精通信息技术又熟悉经营管理的人才队伍夯实基础。再次，激发行业协会、培训机构、咨询公司等在数字技能人才培育中的作用，促进数字技能人才培育体系的形成。最后，积极营造良好环境，探索高效灵活的人才引进、培养、使用、评价、激励和保障政策。

三是加强对传统产业数字化转型的政策支持。优化政府服务，提高政策精准度，统筹研究制定相关政策及配套措施，整合财税、金融、人才、土地等方面的政策力量，全力推动传统产业数字化转型。在财税支持方面，需强化财政专项资金统筹，引导各级财政资金加大对传统产业数字化转型的投入，加强对数字经济领域重大平台、重大项目及试点示范的支持；探索成立传统产业数字化发展基金，推动各级政府产业基金按照市场化运作方式，与社会资本合作设立数字经济发展相关投资子基金；积极落实数字经济领域的相关惠企政策，确保落地见效。在人才要素方面，要完善人才激励机制，支持开展股权激励和科技成果转化奖励试点。此外，还需加强传统产业数字化转型在用地、用能、排放、创新等方面的要素资源优化配置和重点保障。

三、构建数字经济创新体系

针对“创新失灵，核心生产要素自主化程度低”等问题，政府部门需要从平台协同创新、新型科创平台、核心技术突破等方面入手，加快构建数字经济创新体系。

（一）加快平台协同创新

一是深化校企合作，形成协同创新机制。尤其是发挥中介机构对创新成果转化的放大作用，通过技术转移、专利购买等方式提高技术扩散力，保障创新成果平稳落地。促进企业技术创新，成立实体研发中心，为新技术、新方法的孵化与发展提供创新土壤。另外，政府牵头成立互联网、大数据、人工智能和实体经济深度融合协同创新中心，健全数据资源整合和开发利用机制，形成多企业、多领域、多维度的创新链生态圈。

二是设立产业并购基金、知识产权基金和协同创新基金等，构建多元化的投融资渠道。促使资金向具有竞争优势的实体经济企业汇聚。同时，鼓励实体经济企业投资，成立国家级产业大数据交易中心，以股份制方式运营，主要承担促进商业数据流通交易、公共数据与商业数据融合应用等工作职能，有效促进数据流通共享，助力企业发展与经济增长。

三是推进数字经济基础性信息服务网络化、平台化和智能化发展。支持行业性网络信息服务大平台建设，强化互联网、大数据、人工智能等技术应用，推动行业资源集聚、产业协同、服务创新。引导大众围绕网络大平台开展创新创业活动，充分发挥网络平台技术、资金、人才、客户、渠道等资源优势，构建“双创”支撑体系，形成大众创业、万众创新的产业创新格局。完善网络平台产业服务，推动研发设计、生产制造、物流运输、经营销售、人力资源、金融服务等业务信息服务向网络平台集聚，提高资源发现、供需对接、协同创新等支撑能力，促进产业生态圈打造。

四是发挥互联网的优势，搭建数字设备共享平台、数字科技孵化共享平台、创新创业基础条件共享平台、人力资源共享平台等，形成以数字经济为基础的技术共享平台，依靠信息技术创新驱动，鼓励产业链各环节市场主体进行数据交换和交易，有利于持续激发数据资源活力和红利价值，不断催生新产业、新业态、新模式。构建平台开放共享、协同创新、前端海量参与、产业生态富裕的数字经济产业发展体系。

（二）构建新型科创平台

一是打造国家数字科创生态系统。在全国范围内统筹企业、高校、研发机构、用户、资本、人才、政府、中介、环境、基础设施等创新支撑要素，构建各方联动的创新生态系统。建设一批具有世界顶级硬件条件，能够吸引全世界科学家来华开展研究工作的大科学装置。构建完善数字经济领域开源平台体系，如人工智能、工业互联网等。加强前沿基础研究和应用基础研究布局，组织共性技术创新。引育数字经济高端人才，突出“高精尖缺”导向，建立立体式人才培育体系，改善人才培养结构。

二是搭建数字基建融合创新平台。强化大数据、人工智能、区块链等数字技术集成应用，在更大程度上发挥多种数字技术的集成、技术迭代、整体功能演进的作用，集成不同技术对传统产业或物理空间进行描述、诊断、预测、决策，构建一个数字孪生空间，促进多种数字技术与传统产业的协同与协作，对农业、制造、健康、教育、旅游、物流、能源、交通、环保等产业进行全方位、全角度、全链条的改造，推动大数据与各行各业的深度融合发展，提高全要素生产率，从而改造提升传统产业，推动传统产业向网络化、数字化和智能化方向发展。

三是整合区域产业资源，打造数字经济“生态群落”。推动服务型数字经济升级。发力产业应用创新，跨界整合区域产业资源，围绕产业交易、服务供给、要素支撑等重点方向，结合区域产业发展特色和平台经济发展基础，通过建设数字经济平台的生态群落，营造“数字＋产业”发展环境，培育特色鲜明、竞争力强的平台经济品牌企业，形成一批分工明确、协同发展的平台经济产业链和具有区域影响力的数字型交易中心，支持传统企业与大数据或互联网企业实现跨界融合。加快产业大数据与行业大数据、消费大数据深度融合的新生态体系构建。

（三）推进核心技术突破

一是完善科研攻关体制。由国家有关部门统一组织，从政府与企业两个层面，全面梳理网络信息、高端设备与工艺、新材料等数字经济领域关键核心技术，形成科技攻关清单。由龙头企业和科研大平台分别牵头，统筹全国相关领域有创新突破能力的高等院校、科研院所、研发平台的创新资源，以及产业链上下游企业等创新主体，开展联合攻关。加大基础研究投入，坚持长短结合，加快补齐近期短板，着眼长远培育基础研究能力。设立国家重点研发攻关专项，国家、省、市、县和企业共同支持，形成合力，探索市场经济条件下的举国科研攻关体制。

二是打造凝聚人才的“强磁场”。大力培养技术专研深刻、创新思维活跃、有商业前瞻眼光的技术创新人员和团队，培养跨界融合、服务创新、客户体验等意识强烈的跨界应用推广人才，形成专业型人才、市场型人才、融合型人才、领军型人才相互融合发展的人才队伍。建立适应数字经济特点的人才评价机制和科研成果、知识产权归属、利益分配机制，突出专业性、创新性、实用性，在人才入股、技术入股以及税收方面加大激励创新。打破人才流动体制界限，促进人才能够在政府、企业、高校、智库间实现有序顺畅流动。通过为人才创造环境，助力人才实现价值，打造国际国内互通、线上线下互动，汇聚创新创业各领域高端人才的人才高地。

三是打造新型科研机构。以地方特色主导产业为应用场景，以科技成果转化及创新应用为核心，服务于中小微科技企业的应用研发、产品孵化，打造服务地方产业转型升级的新型科研机构。实现科技创新要素集聚，构建要素交易结算平台，打造创新产业孵化育成平台，推进地方经济快速形成创新生产力，最终形成科技加工场和产业加速器，推进核心技术突破。

四、加强数字经济安全治理

针对数字经济发展中“安全失灵，系统性风险需高度警示”等问题，政府部门需要从产业生态安全、平台运营安全、网络信息安全等方面入手，加快构建数字经济安全治理体系。

（一）构建产业生态体系

一是坚持包容审慎、底线监管原则，坚定不移地支持各类平台信息服务发展。鼓励企业利用互联网、大数据、人工智能等技术和思维推动行业组织模式、服务模式和商业模式转型提档升级。密切跟踪新业态发展趋势，完善新业态统计监测体系，加强对各类平台信息服务潜在风险的研究和预判，及时调整和完善融合创新领域行业管理规范和监管措施，确保新旧业态公平、公正、平稳地发展。充分利用互联网、大数据、人工智能等技术手段，构建数字化、网络化、智能化数字经济监管治理平台，提高数据汇聚、事中监管、趋势研判、协同联动等能力。

二是突出重点产业、关键技术，明确要求，落实责任，扩大新产品应用。支持整机企业牵头，建立产业链上下游企业合作机制，组织材料、零件、部件、配套、整机等生产企业进行对接。强化基础，鼓励龙头企业推出拥有自主知识产权的服务器、PC、手机、云计算、物联网等的操作系统，加快安全可控系统软硬件生态系统建设。完善相关政策措施。

（二）保障平台运营安全

一是规范平台运营机制，健全相关标准体系。首先，在现有法律框架内，进一步细化平台漏洞收集、披露、授权机制，确定披露类型、披露主体及期限原则，引导其通过会员机制、协议、授权等方式，合法进行漏洞收集、披露工作。其次，健全漏洞安全评估、“白帽子”信用评级等标准体系，并切实推动《信息安全技术 网络安全漏洞分类分级指南》国家标准的贯彻实施，促进漏洞平台规范化发展。

二是改善平台内部管理模式，弱化潜在安全风险。首先，平台应为“白帽子”与厂商建立合理的、良性的、透明的互动机制，以充分发挥桥梁作用，促进自身长足发展。其次，平台应对重要漏洞信息实施加密传输、存储和证书签名等措施，确保保密性、完整性及可溯源性。最后，应对“白帽子”实施实名实人认证等身份管理，采用信用评级制度，增加“白帽子”的可溯源性和可信性。

三是多措并举，健全我国漏洞安全应急响应体系建设。首先，鼓励电信基础运营商等重点企业建立应急响应中心，在现有应急体系基础上，构建直接面向“白帽子”的更加开放高效的漏洞响应机制，避免漏洞信息向第三方扩散泄露，确保关键网络安全问题有序可控。其次，提升行业安全意识，推动中小互联网企业增加安全投入，并主动借力行业第三方漏洞平台等资源，不断增强自身网络安全防护能力。最后，研究并形成有效机制，促进国家级官方漏洞通报机构、行业第三方漏洞平台和企业应急响应中心长期协同发展，不断构建更加完备的国家级联动应急响应体系。

（三）加强网络信息安全

一是树立安全的底线思维，夯实网络安全基础。坚持技术的自主可控，尽快在核心技术上取得突破，加快安全可信的产品推广应用，建立健全安全防护体系，保障物理设施、网络、平台、应用、数据等各个层面的平稳、高效、健康运行。强化关键领域数字基础设施安全保障，切实加大自主安全产品采购推广力度，保护专利、数字版权、商业秘密、个人隐私数据。

二是完善网络安全保障制度。重点加快在重点领域、复杂网络、新技术应用、大数据汇聚、互联系统等各类型条件下网络安全保障制度的建设，切实提高在系统访问、技术应用、复杂网络、数据流通等方面的安全管理能力。加快构建网络安全保障大平台，加强大数据、人工智能等技术在网络安全保障中的深度应用，加速网络安全监管数据的快速、实时、无缝流动，推动跨部门、跨层级、跨区域业务协同，推动线上线下融合，实现网络安全事件快速响应和应急处置。

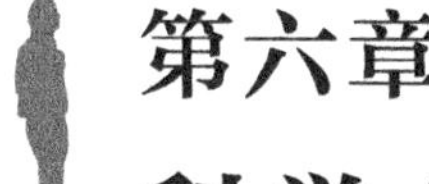

第六章 科学布局新型基础设施

新型基础设施是数字产业化和产业数字化的重要基础和关键支撑，是培育新产业、新业态、新模式的重要载体，是大力发展数字经济的“先手棋”。2021 年 9 月 22 日，国务院常务会议审议通过《“十四五”新型基础设施建设规划》，明确提出新型基础设施是指以信息网络为基础，以技术创新为驱动，提供数字转型、智能升级、融合创新等方面基础性、公共性服务的物质工程设施。加快新型基础设施布局建设，对于构建现代化经济体系、实现高质量发展具有重要支撑作用。

第一节　新型基础设施的重要意义

经济形态的演进总是伴随着基础设施的创新升级，并形成基础设施激发新动能、新动能培育新产业的传导机制。在农业经济时代，决定生产力高低的基础设施是水利枢纽、运河、驿道、粮仓等。在工业经济时代，决定生产力高低和经济活力的基础设施是油田、电网、电站、铁路、公路、机场等。在数字经济时代，新型基础设施成为新技术、新产业、新业态、新模式全面发展的必要物质基础和关键支撑，具有正外部性、公共产品属性、受益范围广、规模经济等特点。新型基础设施是由日新月异的数字技术驱动的，在类型上更加多样，主要包括信息基础设施、融合基础设施和创新基础设施三大类。如图 6 - 1 所示。

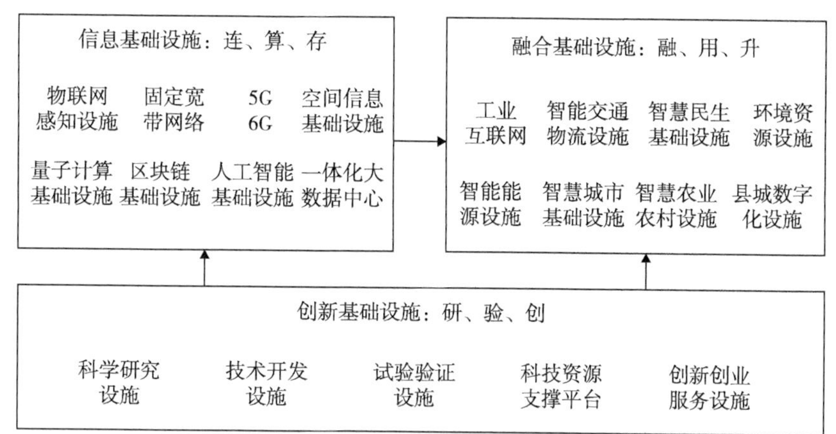

图 6－1　新型基础设施构成

一、信息基础设施：连接、计算、存储

信息基础设施主要是指基于新一代信息技术演化生成的基础设施，主要包括物联网感知设施、5G 网络、固定宽带网络、空间信息基础设施、一体化大数据中心体系、人工智能基础设施、区块链基础设施、量子计算基础设施、6G 等。从功能侧看，信息基础设施可分为感知基础设施、网络基础设施、算力基础设施、数据基础设施和新技术基础设施五大类。信息基础设施是数字技术发展的直接产物，主要解决数字经济中的连接、计算和存储等问题。信息基础设施首要的功能就是连接，从连接设备、连接系统、连接数据、连接人、连接组织到连接产业生态，构成了发展数字经济的首要环节，促进经济活动和生产协同的网络化。其次是计算，计算功能实现对数据、业务的数字化处理，实现经济活动的数字化和智能化。存储功能实现对海量数据、海量数字资产的数字化存储，是数字经济可持续发展的重要前提条件。由于数字技术在日新月异地不断创新发展，信息基础设施成为更新最快的基础设施之一。

二、融合基础设施：融合、应用、提升

融合基础设施主要是指深度应用信息技术，促进传统基础设施转型升级，进而形成的基础设施新形态。融合基础设施是信息基础设施发展的拓展和延伸，信息基础设施是融合基础设施发展的动力和支撑。融合基础设施主要包括工业互联网、智能交通物流设施、智慧能源设施、智慧民生基础设施、环境资源设施、智慧城市基础设施、县城数字化设施和智慧农业农村设施体系。融合基础设施主要解决融合、应用、提升的功能，是数字技术赋能传统基础设施的产物，是支撑实体经济数字化转型最为直接的基础设施。

三、创新基础设施：研发、试验、创新

创新基础设施主要是指支撑科学研究、技术开发、产品及服务研制的基础设施。创新基础设施主要包括科学研究设施、技术开发设施、试验验证设施、科技资源支撑平台、创新创业服务设施等，主要发挥核心技术研发、重要科学实验、重大成果创新的作用，是公益属性、研究属性、创新属性最强的基础设施，对于不断提升信息基础设施和融合基础设施的创新水平具有十分重要的作用。

一是提高数字经济基础研究能力。数字技术创新是建立在基础理论研究基础之上的，加快构建创新基础设施，有利于增强我国数字技术的长期可持续发展能力，是构建数字技术策源地的重要基础，通过促进数据与知识、技术的深入融合，激发各领域科技创新活力。二是助力创新型国家建设。国家“十四五”规划和2035年远景目标纲要提出“关键核心技术实现重大突破，进入创新型国家前列”的目标。这就需要加快布局创新型基础

设施，夯实我国科技创新的基础。这也是创新型基础设施更大的目标定位。由于偏重于支撑基础学科研究，这就决定了创新型基础设施需要以政府投入为主推进建设。当前，科技变革正在形成以数字技术为“黏合剂”的多元融合创新阶段，需要发挥创新基础设施的平台作用，通过推进创新型基础设施的共享，降低各类创新主体的创新风险，培育孵化出原创性、颠覆性的科技创新成果。三是提升国家科技竞争力。科学技术是第一生产力，将最终决定国家竞争格局。随着世界发达国家不断强化自身的核心技术保护和垄断，国际科技竞争将进一步加剧，必须加强人工智能、大数据等技术与新材料、生物技术等战略性科技前沿创新的融合，超前布局一批原创型、引领型的创新基础设施，提升我国科技创新国际竞争力。创新基础设施是科技含量最高的基础设施，在应用场景上，主要集中在科研领域中的科技创新活动，需要国家统筹布局。

第二节　把握新基建的发展规律

新型基础设施的“新”不仅仅体现在设施形态、创新作用上，还体现在与传统基础设施完全不同的建设发展规律上。新型基础设施既具备基础设施所共有的先行性、基础性、准公共物品性等特征，也在市场竞争水平、技术迭代周期、发挥主要作用和设施供给能力等方面迥异于传统基础设施，在布局建设时，不能照搬传统基建的做法。

一、竞争程度高、投资需求旺，市场失灵并不明显，必须按照市场规律办事

国家投资建设基础设施的基本逻辑出发点是基础设施建设存在市场失

灵现象。“铁公基”等传统基础设施建设投资规模大、投资回收期长，具有很强的经济外部性和公共产品属性，存在明显的市场失灵现象。云计算、人工智能、数据中心（云智数）等新型基础设施建设则属于投资热度高、技术创新快的热点领域，市场失灵现象不明显，从产业发展实际情况看，并未形成制约产业创新的短板，同时还必须警惕产能过剩的情况。近年来，我国电信运营商、地方政府、数字技术企业已经开始了大规模的数据中心建设，但是目前我国超大型数据中心的上架率仅为29.01%，数据中心的平均上架率在55%左右，利用并不充分，已存在一定的产能过剩，若用户和市场跟不上，闲置一段时间之后，计算存储资源会面临着未使用就要代际升级的问题，造成较大的投资浪费。

二、创新迭代快、存续周期短，技术形态不断演进，必须高度警惕“过期”风险

传统基础设施的技术成熟稳定、技术迭代较慢，“铁公基”的存续周期和使用寿命都在百年以上，且能通过升级维护不断延展其功能。新型基础设施则处于快速技术迭代周期之下，存续周期一般在10年左右。受摩尔定律驱动，计算存储等关键设备每3~5年就面临升级换代。移动通信从1G到5G基本上是每10年一个代际。目前，5G还未大规模应用，6G芯片已经问世，卫星互联网也在加紧建设。因此，“铁公基”等传统基建可适当超前一点，因为未来总会用到。新型基础设施建设投资风险更大，必须适度建设，因为技术变化太快，闲置往往意味着完全过期，设施投资“打水漂”。此外，新技术往往会带来对旧技术的颠覆。例如，边缘计算的兴起能够有效解决数据大集中带来的个人隐私、数据安全、网络延时等问题，正在对主流的大集中式数据中心建设模式形成挑战，

为业务创新提供了更多的技术路线选项。

三、投资带动弱、创新链条长，赋能效应更加复杂，必须供需同步发力

传统基建投资带动效应强，能够快速带动上下游相关产业，解决大量就业问题。新型基础设施建设属于技术密集型行业，拉动投资、带动就业作用有限，短期难以扮演“救世主”的角色。新型基础设施建设要发挥创新赋能效应，离不开产业上下游的协同创新、产业要素的高效配置以及重要应用场景的成熟，具有更加复杂的运行机理。以 5G 为例，基站建设主要惠及了通信企业，对经济的投资带动效应不明显，由于仍未形成重量级成熟应用场景，其巨大的创新赋能效应还未释放。

四、建设周期短、可分解性强，按需弹性扩展能力强，必须精准推进建设

“铁公基”等传统基础设施建设周期较长，一般需要 10 年左右。此外，传统基础设施的整体不可分割性较强。例如，一条路必须整体投入运营，否则就是“断头路”。这决定了传统基础设施必须统筹建设。新型基础设施的技术建设周期较短，尤其是在不考虑配套土建内容的情况下，数字化部分的集成建设时间在 1 年左右甚至更快，同时可以按需分解建设，可以更加精准灵活、随需应变地进行布局。

第三节　分类施策推进新基建发展布局

一、加强统筹规划、科学有序布局

针对新基建概念理解乱、布局建设乱的情况，要以《“十四五”新型

基础设施建设规划》为指引，系统科学推进新型基础设施建设布局。一是厘清边界、聚焦重点，处理好新基建布局、新业态创新和数字化转型的关系，避免“眉毛胡子一把抓”。二是因地制宜、错位发展，根据产业发展实际、地方比较优势有序布局建设，避免同质化发展。三是优化环境、资源倾斜，统筹谋划用地规划、用电优惠、财税优惠、创投基金等政策组合拳，为各类市场主体提供充分竞争的市场环境。

二、坚持创新驱动、按需开展建设

针对新基建技术迭代快、存续周期短的特点，在发展理念上变投资拉动为创新驱动。一是动态创新、弹性建设，把握技术创新趋势，选定正确的技术路线，保持弹性可扩展性，避免建成就落后的情况出现。二是建创并重、需求导向，坚持供给侧和新业态创新侧同时发力，以业务创新的实际需求把控新基建布局的速度和节奏。三是聚焦短板、自主创新，进一步加快芯片、操作系统、工控软件等原子级核心技术创新突破，解决“卡脖子”风险挑战。

三、突出市场导向、多元协同推进

针对新基建市场化竞争程度高、创新链条长、决策风险大、实施精度高的特点，充分发挥市场竞争机制，加强政产学研用协同创新。一是精准施策、普惠扶持，产业政策要聚焦在市场失灵的环节，提高政策普惠性，避免出现扰乱市场、造假骗补等情况。二是市场主导、多元推进，新基建建什么要由市场说了算，怎么建要由企业市场主体说了算，避免过度干预扰乱市场机制和创新规律。三是优化机制、融合创新，建立跨部门工作推进机制，统筹推进跨部门协作、跨行业创新和跨主体联动，形成新基建上下游协同创新的局面。

第四节　科学理性加快推进“东数西算”

算力、算法、数据是发展数字经济的关键要素，而大数据中心就是算力、算法、数据的重要依托载体。加快建设技术先进、功能完善、布局合理的算力体系是加快新基建的重中之重。近日，国家发展改革委等部门联合印发文件，同意在京津冀地区、长三角地区、粤港澳大湾区、成渝地区以及贵州、内蒙古、甘肃、宁夏八大国家算力枢纽节点开展10个国家数据中心集群建设，这标志着“东数西算”工程正式全面启动，成为事关数字经济长远发展的重要算力设施底座。

一、我国数据中心建设存在的突出问题

（一）在空间分布上存在布局性失衡

从区域空间布局情况看，我国数据中心多数分布于东南沿海发达地区，其中仅北京、上海、广东就占全国数据中心总量的近60%，银行、证券、税务、海关等诸多重要领域的数据中心和备份中心集中选址于北上广三地，同我国战略安全纵深、能源分布、地质条件、气候环境等基础条件不相匹配。若发生战争、能源危机、重大突发性自然灾害或重大安全事故等，可能会对经济社会正常运转造成重大影响。

（二）在功能形态上存在结构性过剩

从功能形态上看，我国数据中心建设还存在重建轻用的现象。近年来，

相关企业及地方政府建设了大量传统数据中心，一些地方政府忽视大数据实际应用需求和本地现实情况，以产业园区思路竞相建设数据中心，在物理设施层面存在较大的冗余和重复建设。在处理层面上，云计算服务还需要规范发展，在应用层面上，大数据创新应用能力不足，物理设施同云服务、大数据创新应用的脱节形成了结构性过剩的局面。

（三）在技术水平上存在创新性差距

从技术水平上看，我国数据中心总体与美、欧发达国家和地区建设水平相比仍有 3～5 年差距。突出表现为三个方面。一是规模效应不明显，80%以上为500平方米以下的小型数据中心，且普遍处于低效率运行状态。二是技术架构落后，计算存储资源调配能力弱，设备资源平均利用率低，电源使用效率（PUE）等关键技术指标落后。三是自主化程度还不高，部分关键技术还受制于人，还未能充分把握集成创新赶超机会实现自主创新突破。

（四）在安全保障上存在集聚性风险

数据中心建设和应用带来了核心数据资产的大汇聚，对我国信息安全保障、商业秘密和个人隐私保护提出了更高的要求，现有信息安全保障法律法规、标准规范、技术储备、服务水平等诸多方面还存在不足，监管部门、用户单位、服务主体之间的权责界限还不够清晰，还难以形成物防、技防、人防相结合，多元主体无缝衔接配合的信息安全保障新局面。

二、加快“东数西算”工程的重大意义

“东数西算”工程是在《全国一体化大数据中心协同创新体系算力枢纽实施方案》文件中正式提出的，是面向数字化发展未来的一项全局性、战略性新型基础设施布局工程。如表 6－1 所示。“东数西算”中的“数”

指的是数据，“算”则是算力，旨在通过跨区域工程布局引导，将东部的算力需求同西部的资源优势有序衔接，为经济社会数字化发展奠定坚实基础，具有重要战略意义。

表 6－1 “东数西算”工程建设内容

<table>
<tr><th>八大算力枢纽</th><th>十大集群</th><th>差异化场景定位</th><th>共性要求</th></tr>
<tr><td>京津冀枢纽</td><td>张家口集群</td><td rowspan="6">工业互联网、金融证券、灾害预警、远程医疗、视频通信、人工智能</td><td rowspan="10">发展高密度、高能效、低碳数据中心集群，提升数据供给质量，优化东西部间互联网络和枢纽节点间直连网络，通过云网协同、云边协同等优化数据中心供给结构，扩展算力增长空间，实现大规模算力部署与土地、用能、水、电等资源的协调可持续</td></tr>
<tr><td rowspan="2">长三角枢纽</td><td>长三角生态绿色一体化发展示范区集群</td></tr>
<tr><td>芜湖集群</td></tr>
<tr><td>粤港澳枢纽</td><td>韶关集群</td></tr>
<tr><td rowspan="2">成渝枢纽</td><td>重庆集群</td></tr>
<tr><td>天府集群</td></tr>
<tr><td>内蒙古枢纽</td><td>和林格尔集群</td><td rowspan="4">后台加工、离线分析、存储备份</td></tr>
<tr><td>宁夏枢纽</td><td>中卫集群</td></tr>
<tr><td>甘肃枢纽</td><td>庆阳集群</td></tr>
<tr><td>贵州枢纽</td><td>贵安集群</td></tr>
</table>

（一）衔接数据要素和算力工具的创新工程

在数字经济时代，数据成为最具创新价值的生产要素，而云计算则是激发数据要素价值必不可少的新生产工具。建设数字政府、发展数字经济、构建数字社会，都需要强大的云计算支撑。而“东数西算”工程，就是要推动数据要素和算力工具在全局层面的高效配置，加速经济社会数字化发展，提升各行业领域用数据说话、用数据管理、用数据经营、用数据创新的能力。“东数西算”工程这座“创新之桥”，看似离我们遥远，实则同我们日常生活息息相关。我们的一次在线购物、一次网约车、一次视频会议，都可能是“东数西算”工程提供的数据和算力资源在默默地运行支撑。

（二）配置东部技术和西部资源的协同工程

我国幅员辽阔、区域发展不平衡。在数字化领域，呈现出东部技术和数据富集、西部土地和能源富集的区域分布特点。通过“东数西算”工程，充分发挥我国体制机制优势，引导算力设施由东向西布局，一方面有利于弥补东部地区建设数据中心面临的电力保障、土地供给、高温气候等硬约束，大幅降低建设运营成本，延展东部创新发展空间；另一方面有利于激发西部地区能源、土地相对富集的比较优势，带动西部地区加快数字化发展，引导数字产业向西辐射，同时化解我国现有数据中心布局与能源资源、生产力等布局之间的错配问题，促进数据要素的大融合，助力形成西部大开发新格局，共享数字化创新发展红利。

（三）兼顾经济效益和社会效益的融合工程

“东数西算”工程对于夯实我国数字化发展基础、推动经济高质量发展具有十分重要的意义。据估算，工程实施每年能够直接带动4000亿元的投资，还能发挥乘数效应带动数字产业上下游创新发展，具有显著的经济效益。同时，工程实施还具有巨大的社会效益。一是促进东西部协同发展，发挥数字技术的赋能作用，通过先富带后富、“先创带后创”，缩小区域差距、城乡差距，助力实现共同富裕。二是促进双碳目标实现。数据中心是高能耗产业，“东数西算”工程将充分利用西部地区风能、太阳能等可再生能源，加强绿色数据中心技术的应用，将电源使用效率（PUE）控制在1.25以下，有效降低数据中心能耗。三是促进创新创业。“东数西算”工程将形成更加专业先进、绿色低碳、便宜泛在的算力资源，对于全面支撑各行业数字化升级和产业数字化转型具有重要意义，更多的中小微企业也将能够搭上“东数西算”的东风实现数字化创新创业。

三、科学理性加快“东数西算”工程布局

“东数西算”工程是涉及跨地区、多主体、多目标、长链条的新型基础

设施布局，是一项复杂的系统工程，组织实施的难度较大，必须按照技术演进规律和市场竞争机制科学理性推进。

（一）遵循科学规律、警惕过度炒作

“东数西算”工程是资本密集型、技术密集型、数据密集型的创新工程，同传统基础设施相比，呈现出建设周期相对较短、创新链条较长、迭代更新快的特点，存在较为明显的技术门槛，建设与见效的难度也高于传统基础设施。近一段时期，“东数西算”成为社会关注的焦点，这既体现了产业界对“东数西算”工程的高度认同，但也不可避免地出现一些过度炒作的现象。推进“东数西算”，必须坚持按照科学规律，正确甄别似是而非的技术概念、鱼目混珠的蹭热主体和不切实际的主观遐想，避免大肆炒作和一哄而上，按照技术演进和创新规律，科学理性推进工程落地见效。

（二）遵循市场规律、警惕僵化推进

数字化领域是高度竞争的创新市场。在“东数西算”国家战略布局导向下，还必须正确处理政府和市场关系，着力营造与工程实施相适应的创新生态，充分发挥企业主体作用，引导市场有序发展，避免出现一厢情愿“拉郎配”等现象。在国家总体布局下，具体到每个算力基地、每个应用场景，“数”与“算”要按照市场规律和竞争机制进行资源配置，形成“东南西北中”的多样化配置组合。西部地区不能抱着“吃资源饭”的心态，建好数据中心“坐等东数来”，还必须注重本地产业生态的培育，注重本地数据要素的开发利用和数字化转型的需求，避免出现算力资源闲置的被动局面。

（三）遵循发展规律、警惕急于求成

罗马并非一日建成。“东数西算”工程是中长期的新基建布局，同投资拉动型的传统基建相比，是创新驱动型的。工程要最终取得实际成效，必

须培育健全的产业创新体系、激发丰富的应用需求场景、畅通东西部产业衔接配套。而这需要一个更加精细、耐心、智慧的组织过程，需要相关地方、重点企业保持定力、增强耐心、协同配合、久久为功，正确把握好工程推进的节奏，坚持适度超前、避免盲目冒进，为有效需求的形成、产业链条的完善、技术创新迭代留足空间。同时，还必须坚持发展与安全并重，统筹数据中心、云服务、数据流通与治理、数据应用、数据安全等关键环节，确保“东数西算”网络、设施、数据和产业安全。

技术篇

第七章

新技术开创数字化新空间

数字经济的直接推动力是数字技术的大发展。发展数字经济，必须充分理解数字技术的技术内涵、发展规律和适用场景，因此，提高数字技术素养和技能，成为新时代广大党员干部的“必修课”。当今世界正在经历一场深层次的科技创新和产业变革，全球经济社会数字化发展日趋加速，受惠于传统产业数字化、网络化、智能化转型升级，新技术不断迭代升级，逐步与各领域深度融合，重塑了数字经济时代的生产力和生产关系，创造出越来越丰富的应用场景。

第一节　数字经济关键技术

当前，数字技术体系日益庞大复杂，新技术、新概念层出不穷，令人眼花缭乱。在纷繁复杂的技术体系中，区块链、大数据、人工智能、云计算、5G、工业互联网、物联网等技术尤为关键。这些技术的基础性、引领性和创新性特征明显，对于激发、赋能和提速数字经济发展至关重要，其意义已经远远超出技术和工具层面，深刻影响着数字经济生产力、生产关系、生产要素、基础设施的发展变迁，是构建数字经济大厦的“四梁八柱”（如图 7－1 所示），对它们尤其要重点学习了解、加快发展，这些技术可概括为“5iABCD”。

从数据全生命周期的角度看，物联网技术，让万物得以互联，万物数字化产生的数据成为新的海量数据集合；5G 技术，低时延、高带宽传输海量数据，提升了数据的鲜活性；云计算技术，存储和处理海量数据，使得

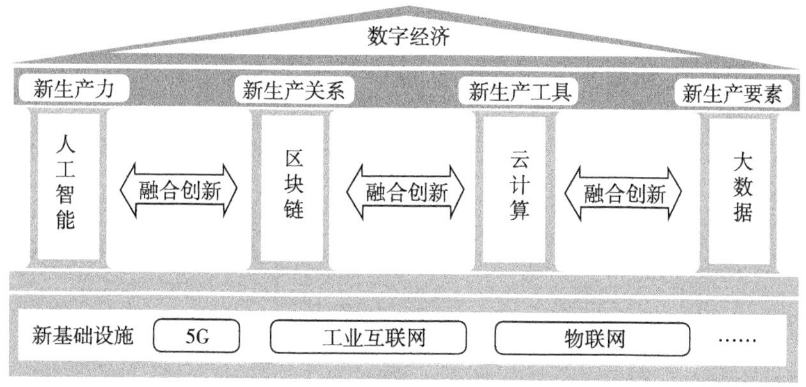

图7－1　数字经济关键技术体系

数据处理能力得到极大提升；大数据技术，组织海量数据，根据决策主题和应用场景条理化地组织和管理数据；人工智能技术，经过训练和学习，能够更智能地应用海量数据；区块链技术，构建了可信环境，促进数字资产确权，解决数据权属、利益分成等关键问题；工业互联网技术，促进新技术与制造业深度融合，集成整合物联网、5G、云计算、大数据、人工智能、区块链等技术应用于制造业，成为推进产业数字化的关键创新技术；隐私计算技术，为数据的流通、交易、应用提供了新的安全通道。

一、区块链：优化生产关系的利器

（一）区块链定义

区块链（blockchain）脱胎于比特币，目的是降低社会信用成本，简化业务流程，提高交易效率，重塑产业组织模式、社会管理模式，提高公共服务水平，实现从信息传播向价值转移的转变。区块链技术本质上是一种分布式共享账本技术，通过点对点通信、加密算法、共识机制等关键技术，建立一个多节点共同记账的超级账本，可以完整、不可篡改地记录价值转移（交易）的全过程，形成不依赖中心组织和现有规则的信任关系。

（二）区块链特点

区块链技术主要具有的去中心化、开放透明、不可篡改、匿名性、可追溯等特点，在元宇宙和数字经济领域具有广阔的应用空间。如图 7－2 所示。去中心化的特点能够避免中心化组织机构（或中介）带来的低效、腐败和作恶等情况，减少不必要的中介组织，提高经济社会运行效率；规则开放透明消除了各种潜规则，有利于构建更加公平、公正、公开的协作关系和商业模式；不可篡改的特点，形成了不可抵赖的记录，多元主体间交易/交互行为的真实记录，构建了无须背书的信任；匿名性特点，有利于构建陌生环境下陌生人之间的信任机制，扩展人们经济社会行为的活动范围；可追溯性，在数字资产确权、规范市场活动等方面具有巨大应用价值。

图 7－2　区块链技术特点

（三）非同质化代币（NFT）

1. NFT 基本定义

非同质化代币（non-fungible token，简称 NFT）属于加密货币的一种，是基于区块链智能合约发行并代表某种外部资产的支持通证。可以说，NFT 是区块链技术的一种外延创新形态，它的诞生就是为区块链体系提供服务的。

2. NFT 主要特点

NFT 作为未来元宇宙中的数字资产的一种，主要包括三方面的特点。交易高效：NFT 无须第三方机构的介入，节省了人为操作所带来的时间耗费和成本支出。公开透明：全部的 NFT 数据保存在区块链上，人们在区块链账本上可查看 NFT 的交易历史和当前状态。产权确定：NFT 保障了唯一的所有权，每个 NFT 无法复制，有且只有一个所有者。

3. NFT 市场发展现状

全球 NFT 市场异常火爆，据统计，自 2021 年 2 月开始，每周交易量超 200 万美元，仅 2021 年 2 月至 5 月，NFT 项目总市值的增长达 2000%，其搜索量在 2021 年更是呈爆发式增长，热度远超以“比特币”“以太币”为代表的“去中心化金融”（decentralized finance，简称 DeFi）。NFT 的交易市场出现严重的两极分化现象，NBA Top Shot、CryptoPunks 等项目占据绝大部分的 NFT 交易量，OpenSea 和 Nifty Gateway 在交易市场中则处于绝对领先地位，其他项目和交易市场则较为惨淡。

（四）区块链与数字经济

党的十九届四中全会首次将“数据”与土地、劳动力、资本等传统要素并列为要素之一，强调要加快培育数据要素市场。但由于数据确权难、追溯难、利益分成难，数据还无法实现市场化高效配置和有序流通，严重制约数字经济的发展。基于区块链的分布式、不可篡改、可追溯等特点，数据权属可以被有效界定，数据流通能够被追踪监管、数据收益能够被合理分享。区块链技术使得陌生主体之间能够建立基于技术约束的生产关系，使得在陌生环境下开展商业合作成为可能，有望激发出一系列新的业务模式。基于区块链技术可以构建基于技术约束的下一代可信任互联网，解决传统互联网的陌生人信任问题，将会让数字资产在互联网上高效地流通。区块链技术有望推动整个社会和数字经济向着更加可信、共享、均衡的方向发展，进一步释放数字经济创新活力。

二、大数据：数字经济新生产要素

（一）大数据定义

2011 年，麦肯锡公司第一次提出“大数据”的概念，并将其定义为“无法在一定时间内用传统数据库软件工具对其内容进行采集、存储、管理和分析等的数据集合”。2015 年，《促进大数据发展行动纲要》将大数据定义为“以容量大、类型多、存取速度快、应用价值高为主要特征的数据集合”。

（二）大数据特点

除了直观的体量大之外，大数据还具有其他几个特点，总结下来可概括为“4V”。如图 7－3 所示。一是数据容量（volume）巨大，起始计量单位一般是拍字节（PB）级以上；二是数据类型（variety）繁多，在传统结构化数据类型之外还包括网络日志、视频、图片、地理位置信息等半结构化或非结构化数据；三是价值（value）密度低但是应用价值高；四是处理速度（velocity）快。这四点是大数据区别于传统数据库、数据挖掘技术的最本质的特征。

（三）大数据与数字经济

数据作为新的生产要素，在提高生产效率、实现智能生产、激发新动能、培育新业态等方面具有巨大应用潜力，成为推动数字经济发展的创新动力源。作为数据资源大国，2020 年我国数据占全球总量的比例已达

容量

数量大，存储单位从过去的吉字节 (GB) 到太字节 (TB)、拍字节 (PB) 直到艾字节 (EB)

多样

数据类型复杂，既包括结构化数据、也包括非结构化数据，如图片、音频、视频等

价值

原始数据价值密度低。经过采集、清洗、挖掘、分析后，具有较高的商业价值

速度

采集、分析、处理速度较快，能满足实时数据分析需求

图 7－3　大数据“4V”特征

20%。大力发展大数据有利于将我国数据资源优势转化为国家竞争优势，实现数据规模、质量和应用水平同步提升，发掘和释放数据资源的潜在价值，有效提升国家竞争力。大数据应用能够揭示传统技术方式难以展现的关联关系，建立“用数据说话、用数据决策、用数据管理、用数据创新”的管理机制，实现基于数据的科学决策，将推动政府管理理念和社会治理模式进步，加快建设与社会主义市场经济体制和中国特色社会主义事业发展相适应的法治政府、创新政府、廉洁政府和服务型政府，逐步实现政府治理能力现代化。

三、云计算：数字经济新生产工具

（一）云计算定义

云计算的概念最早于 1996 年由戴尔公司提出，2006 年，亚马逊公司率先推出“弹性计算云服务”，随后越来越多企业开始接受云计算这一概念，并将业务应用迁移到云端。2009 年，阿里巴巴开始研制飞天操作系统，由此揭开我国云计算的序幕。

云计算（cloud computing）实质是一种计算模式。美国国家标准与技术研究院（NTSI）将其定义为：一种按使用量付费的模式，这种模式提供可

用的、便捷的、按需的网络访问，进入可配置的计算资源共享池（资源包括网络、服务器、存储、应用软件、服务等），这些资源能够被快速按需提供，为用户提供及时的算力资源服务。

（二）云计算服务类型

云计算有三种基本的服务类型，分别是基础设施即服务（IaaS）、平台即服务（PaaS）、软件即服务（SaaS）。如表7－1所示。这三种类型根据提供服务的内容的不同而存在一定差异。IaaS 类型仅为用户提供基本的数据中心、网络等基础服务；PaaS 类型为用户提供业务开发、运行和部署的平台等；SaaS 类型为用户提供最终的应用和业务系统。

表7－1　云计算服务类型

服务类型	服务内容	形象类比
基础设施即服务（IaaS）	提供基本的数据中心、网络等基础服务	毛坯房：用户还需自己进行硬装（构建平台）和软装（开发系统）来满足自身需求
平台即服务（PaaS）	提供业务开发、运行和部署的平台	简装房：用户还需自己进行软装（开发业务系统）来满足自身需求
软件即服务（SaaS）	提供最终的应用和业务系统	精装房：用户只需拎包入住，购买到自己所需的所有服务

（三）云计算的不同模式

随着云计算的发展和经济社会数字化转型的需求，越来越多政府和企业开始使用云计算。一般来说，云计算可以分为三种模式，即公有云、私有云和混合云。如表7－2所示。公有云主要是指云计算服务提供商将云服务资源部署于互联网，并完全开放地面向社会各类用户提供按需计费在线服务的部署模式。公有云用户通过互联网使用云服务，根据使用服务的量来付费。私有云主要指云计算存储资源部署于一个机构内部，只为机构内部业务提供服务的部署模式。私有云系统存在于企业防火墙之内，安全性更好但成本也更高。混合云平台是指由私有云和公有云混合组成的部署模式。部署混合云的机构可以将次要的应用和数据部署到公有云上，充分利用公有云在扩展性和成本上的优势；同时将关键业务系统和敏感数据部署于安全性更高的私有云。混合云可以平衡公有云和私有云各自的优势和不足，同时兼顾成本、安全性和可扩展性，实现“鱼和熊掌兼得”，这种模式已经得到越来越多用户的青睐。

表 7-2　云计算的不同模式对比

模式类型	公有云	私有云	混合云
定义	云服务资源部署于互联网，完全开放地面向社会各类用户提供按需计费在线服务的部署模式	云计算存储资源部署于一个机构内部，只为机构内部业务提供服务的部署模式	云平台由私有云和公有云混合组成的部署模式
优势	成本低、扩展性好	安全性更好	灵活性更好、成本效益更高
劣势	安全性不如私有云、流量峰值期间可能存在网络问题	成本高、远程访问更困难	基础设施兼容性问题
适用性	中小企业或个人消费者	大型企业或政府部门	大型企业或政府部门

（四）云计算与数字经济

云计算提供了集约、高效、绿色、便捷的计算服务资源，促进了计算存储资源的普及化，云计算提高了计算存储资源的利用率，不仅实现了资源的按需分配、降低了能源消耗，更降低了中小企业甚至个人使用计算存储资源的成本，打破了大企业对计算存储资源的垄断。云计算强大的计算存储能力促进了大数据、人工智能等技术的突破发展，带动了硬件、软件、服务等各细分产业的创新发展。可以说，没有云计算的发展，海量的数据将无法存储、分析和利用，大数据将无从谈起，人工智能也将因为算力和数据的不足而止步不前。经过 10 多年的发展，云计算日渐成熟，已经成为各行业领域信息化的通用主流选择，成为构建数字经济的核心基础设施和通用生产工具。

（五）云原生（cloud native）：云计算的再定义

云原生技术已成为驱动业务增长的重要引擎，作为新型基础设施的重要支撑技术，近年来，云原生逐渐在人工智能、大数据、边缘计算、5G 等新兴领域崭露头角。

云原生实际上是一种面向云应用设计的思想理念和技术体系，力求充分发挥云效能的最佳实践路径，帮助用户构建弹性可靠、松耦合、易管理的应用系统。简单来说，云原生就是在上云的过程中，充分发挥云平台的弹性计算、弹性存储的优势，尽量把应用设计成适合云计算的架构，把部署设计成简单易用的流程，实现业务快速上线、快速迭代。

云原生的概念最早由 Pivotal 公司的 Matt Stine 于 2013 年提出，Pivotal 公司在最新的官网上将云原生特点概括为 DevOps（development 和 operations 的组合词，即开发和运维）、持续交付、微服务和容器化等四方面。云原生离不开云计算，简单来说，云原生属于云计算的 PaaS 层服务，主要是面向开发者的一类应用。云原生必须在云上安装，是一种基于云计算的软件开发应用方式。

四、人工智能：数字经济新生产力

（一）人工智能定义

人工智能（artificial intelligence，简称 AI）是研究、开发用于模拟、延伸和扩展人的智能的理论、方法、技术及应用系统的技术科学。1956 年由约翰·麦卡锡首次提出，当时的定义为“制造智能机器的科学与工程”。人工智能的目的就是让机器能够像人一样思考，让机器拥有智能，因此，人工智能涵盖了计算机视觉、自然语言处理、机器人学、机器学习、统计学、脑神经学等多个学科和领域，通过捕捉、训练、学习海量信息和知识，试图形成集知识与思维于一体的智能结合体。

（二）人工智能主要特点

判断一项产品或应用是否是人工智能，主要可按照人工智能的感知能力、思考能力和行为能力三个基本特点来判断。如图 7－4 所示。首先，感知能力。人工智能往往具有对自然语言的识别和理解，对视觉图像的感知等感知环境的能力。其次，思考能力。人工智能能够自我推理和决策，各类专家、决策系统可以近似看成具有思考能力的人工智能。最后，行为能力。人工智能通过训练和学习往往具备自动规划和执行下一步工作的能力。

主要特点	特点描述	普通程序	人工智能
感知能力	包括语言感知，比如自然语言识别和理解；视觉感知，比如图形处理能力	只知道这是一张图片或者视频，但是并不知道里面的内容是什么	可以“理解”图片和视频内有什么内容，也可以“理解”听到的声音是什么意思
思考能力	具备推理和决策能力，特别是专家系统的预测，就是典型的思考能力	是很多固定规则的组合，在任何情况下都只能按照固定规则走	可以主动优化自己的规则，也就是大家常说的“学习”，但跟人类的学习还有很大差异
行为能力	具备自动规划和执行下一步工作的能力	没有目标感，只会根据规则自动运动	可以有“目标感”，并通过反馈不断优化自己的行为来更好地实现目标

图 7－4　人工智能与普通程序的区别

>> 人工智能的新突破：AlphaGo 击败人类顶尖围棋高手

在人工智能的挑战面前，围棋由于其计算量大、棋局变化多，被誉为人类智慧的最后一个堡垒。2016 年，AlphaGo 击败韩国顶尖围棋棋手李世石，2017 年，又击败中国顶尖棋手柯洁，标志着人工智能发展新的里程碑。AlphaGo 实现了自我战胜，其最新版本 AlphaZero 仅仅通过 3 天的自我学习，通过单一神经网络，更少的机器硬件（4TPU vs 48TPU）而击败了 AlphaGo 老版本，代表着人类迈入了超级智能的时代。AlphaGo 开发的目的不仅仅是为了击败人类棋手。DeepMind 公司已经利用了 AlphaGo 背后的技术，帮助谷歌大幅削减其数据中心的能耗，通过人工智能在蛋白质折叠或设计新材料等问题上取得进展，推动人们理解生命和影响人类社会。

（三）人工智能与数字经济

人工智能是新一轮科技革命和产业变革的重要驱动力量，对于科技进步、经济发展、民生福祉乃至国际政治竞争格局具有重大而深刻的影响。数字经济时代，人工智能与实体经济的融合发展，特别是与制造业的深度融合发展，不仅可以推动传统产业转型升级，还可以形成新产业、新业态。未来，随着人工智能技术的进一步发展，其在各个行业中的应用场景将越来越多，人工智能的价值也将得到更大的体现。人工智能与物联网、大数据、区块链等技术的加速集成融合，不仅会提升传统行业的生产效率和生产力，更驱动着社会生产方式变革和新经济的快速增长，加快人类经济社会生活数字化、网络化、智能化转型。据预测，到2025年，预计人类完成的工时比例将从现在的70%左右下降到48%左右，52%的工时将由机器人完成。到2030年，人工智能将拉动全球生产总值增长14%，为世界经济贡献15.7万亿美元，相当于目前中国与印度两国的生产总值之和。

>> 计算机能像人一样思考吗?

当前人工智能行业已经取得了飞速发展，完成了国际象棋和围棋等棋类游戏、蛋白质折叠和语言建模等科学问题。但是，人工智能系统在理解物理世界的常识性规律方面，表现得并不尽如人意。即使是最先进的人工智能系统也仍然难以掌握物理世界中的常识。然而，即使只有几个月大的婴儿也懂得世界运作的常识性规则，当他们看到不符合物理规律的场景时，比如看见一个新奇的物品、发现一个未见过的现象，都会感到好奇和惊讶。

只有当人工智能系统具备如人类一般的推理能力，才能实现真正的智能。最近，一项来自英国人工智能公司DeepMind的最新研究指出，受婴儿视觉认知研究的启发，他们的人工智能系统（PLATO）能够以类似婴儿的方式学习物理世界的基本常识性规则。

nature human behaviour

Explore content ⌄ About the journal ⌄ Publish with us ⌄

nature › nature human behaviour › articles › article

Article | Open Access | Published: 11 July 2022

Intuitive physics learning in a deep-learning model inspired by developmental psychology

Luis S. Piloto, Ari Weinstein, Peter Battaglia & Matthew Botvinick

Nature Human Behaviour (2022) | Cite this article

Metrics

（来源：Nature Human Behaviour 网站）

相关研究论文以“Intuitive physics learning in a deep-learning model inspired by developmental psychology”为题，已发表在科学期刊《自然·人类行为》（*Nature Human Behaviour*）上。

PLATO 是一个遵循认为物体在我们周围物理世界的表示和预测中扮演核心作用的理论的深度学习系统。在此次工作中，研究团队通过给 PLATO 观看许多描绘简单场景的视频来训练它，比如球落到地上，球滚到其他物体后面又再次出现，很多球弹来弹去等。研究团队还通过一系列实验来验证人工智能系统是否可以学习一系列不同的物理概念——特别是那些年幼的婴儿可以理解的概念。结果发现，和婴儿一样，PLATO 在看到没有意义的场景（比如物体互相穿过却没有发生相互作用）时表现出了“惊讶”。最令人兴奋的是，PLATO 只观看了 28 小时的视频就获得了这种学习效果。

基于以上研究，研究团队表示，模仿婴儿认知的深度学习系统 PLATO 胜过更传统的“从零开始学习”系统。PLATO 可以作为研究人类如何学习直观物理的一个有力工具，同时也表明了物体表征对于我们理解周围世界具有重要作用。

五、隐私计算：开启互信融合应用的钥匙

（一）隐私计算概念

图灵奖得主姚期智院士在 1982 年的论文《安全计算协议》（*Protocols*

for Secure Computations）中曾提出这样的问题：假设有两个百万富翁，他们都想知道谁更富有，但他们都不愿意让对方或者任何第三方知道自己的财富，那么，如何在保护好双方隐私的情况下，判断谁更有钱呢？

在保护隐私的前提下比较两个人的财富，在一般人看来无疑是个悖论问题，但实际上该问题可以转化为密码学中的问题，即“一组互不信任的参与方在需要保护隐私信息却没有可信第三方的前提下进行协同计算的问题”，这也被称为多方安全计算问题。姚期智院士在提出多方安全计算概念的同时，也给出了自己的解决方案——混淆电路（garbled circuit）。随着研究多方安全计算问题的学者越来越多，同态加密、秘密共享等更多的新技术被提出，隐私计算也逐渐发展起来。

隐私计算（privacy-preserving computation）主要是指在保证数据提供方不泄露原始数据的前提下，对数据进行分析计算的一系列信息技术，保障数据在流通与融合过程中的“可用不可见”。隐私计算并不是简单隶属于某一学科领域，而是一套融合了密码学、数据科学、人工智能、计算机工程等众多领域的跨学科技术体系，包含了多方安全计算、联邦学习、可信执行环境等不同的代表性技术方案。隐私计算不仅可以增强数据流通过程中对个人标识、用户隐私和数据安全的保护，也为数据的融合应用和价值释放提供了新思路。

（二）隐私计算发展方向

目前主流的隐私计算技术分三大方向，即基于密码学的多方安全计算、基于人工智能的联邦学习、基于可信硬件的可信执行环境。

1. 多方安全计算

多方安全计算（secure multi-party computation，简称 MPC）是由姚期智院士于 1982 年创立的，是指在无可信第三方的情况下，多个参与方共同计算一个目标函数，并保证每一方仅获取自己的计算结果，无法通过计算过程中的交互数据推测其他任意一方的输入数据。多方安全计算能在不泄露任何隐私数据的情况下让多方数据共同参与计算，然后获取准确的结果，可以使多个非互信主体在数据相互保密的前提下进行高效数据融合计算，达到数据“可用不可见”。多方安全计算具有很高的安全性，要求敏感的中间计算结果也不可泄露，在近 40 年的发展中不断被学术界和工业界检验，性能也在各种研究中不断提升。然而，密码学运算中的计算性能问题、不同技术间加密数据的孤岛问题、一些传统的安全问题等都制约着多方安全计算的进一步发展。

2. 联邦学习

联邦学习（federated learning，简称 FL），又被称为联邦机器学习、联盟学习等，是实现在本地原始数据不出库的情况下，通过对中间加密数据的流通与处理来完成多方协同的机器学习训练。联邦学习一般包括数据方、算法方、协调方、计算方等角色，主要针对传统的由建模方收集数据进行模型训练存在的泄露训练数据问题而提出的，通过对各参与方模型交互过程中增加安全加密，进而保护用户隐私和数据安全，是解决数据孤岛和数据安全问题的重要模式。其安全性主要通过应用同态加密、差分隐私技术，以及基于混淆电路、不经意传输等密码学的多方安全计算协议来保障。然而，如何保护联邦学习过程中数据和模型的安全性，如何对非独立同分布、参差不齐质量的数据建模，如何评估各参与方贡献等问题仍是联邦学习需要面对的挑战。

3. 可信执行环境

可信执行环境（trusted execution environment，简称 TEE），是一个隔离的执行环境，通过软硬件方法在中央处理器中构建一个安全区域，该空间比安全芯片功能更丰富，提供代码和数据的机密性和完整性保护。与单纯依托密码学的软件相比，TEE 不会对隐私区域内的算法逻辑语言有可计算性方面的限制，支持更多的算子和复杂算法，上层业务表达性也更强。TEE 具有运算效率高，可支持多层次、高复杂度的算法逻辑等特点，但技术本身依赖硬件环境，必须确保芯片厂商的可信。

（三）隐私计算与数字经济

近年来数据安全事件频发，数据安全威胁日益严峻。《中华人民共和国数据安全法》的颁布和实施，对企业合规安全地发挥数据价值提出了更高的要求。以多方安全计算、联邦学习、可信执行环境等为代表的隐私计算技术为流通过程中数据的“可用不可见”提供了解决方案。目前，隐私计算在金融、医疗、生物医药、数字政府等领域均有相应落地，在提升机构数字化管理和治理、激活数据要素价值等方面发挥重要作用，在一定程度上引领了新一轮技术革新和产业升级，赋能数字经济发展。据咨询机构 Gartner 预测，隐私计算将是未来一段时间的重要战略前沿科技，到 2025 年，将有一半的大型企业在不受信任的环境和多方数据分析中应用隐私计算处理数据。

六、新型基础设施

（一）5G：量变催生质变创新

1. 5G 定义

5G 是第五代移动通信的简称。区别于之前面向人与人的通信技术，5G 技术主要面向解决人与物、物与物的通信需求，由于采用了更加精细化的调度方案和无线增强技术，使 5G 成为服务质量有保证的确定性移动网络，为实时性和安全性要求高的工业互联网领域的应用打下了基础。

2. 5G的主要特性

5G技术具有高带宽、低时延、大连接、高能效四方面特点。首先，高带宽。如表7-3所示。5G的第一个显著特征就是快，其峰值速率可达到20吉比特/秒（Gbps），是4G的20倍以上。利用5G技术仅需一秒钟就能下载完一部时长为两个小时的高清电影。其次，低时延。5G网络传输时延降到10毫秒以下，快于人脑的反应时间。低时延特性使远程驾驶操作、远程医疗手术、远程工业控制等创新业务应用成为可能。再次，大连接。5G并发数是现有网络技术的100倍，可以支持每平方公里接入100万个设备，是4G的10倍。最后，高能效。5G设备一度电可支持超过5000吉字节（GB）的数据交换，单位能耗是现有技术的1/100，具有更高的能源效率。

表7-3 5G技术特点

主要特点	特点描述	优势价值
高带宽	5G峰值速率可达到20吉比特/秒，是现有网络技术的20倍	可通过“5G+”等扩展智能技术应用范围
低时延	5G网络传输时延降到10毫秒以下，快于人脑的反应时间	满足智能制造、自动驾驶、远程医疗等高端制造需求
大连接	并发数是现有网络技术的100倍，可以支持每平方公里接入100万个设备，是4G的10倍	加快实现物理世界人与物、物与物间的全面数字化
高能效	5G设备一度电可支持超过5000吉字节的数据交换，单位能耗是现有技术的1/100，具有更高的能源效率	加快构建满足“双碳”目标的算力建设

3. 5G与数字经济

5G不仅提升了用户的移动通信能力，更为人与物、物与物之间提供了智能化的连接能力，为各领域的业务数字化转型和创新插上了移动智能互联的翅膀。高速低时延互联使大量的终端设备可以高速连接到云计算平台，实时调用集中于云端的数据分析处理能力，使得数据和算法在更大范围内应用，智能化能力将通过5G大带宽通道分发到终端设备，形成“云计算+

分布式智能节点 +5G 低时延通道”的应用局面，真正实现无所不及的万物智能互联。基于 5G、大数据与人工智能等各种数字技术的融合，以及虚拟现实、无人机、机器人等智能设备的广泛应用，城市治理将更加数字化、智能化；制造业的市场需求响应将更快，产能和效率将更高；医疗、教育、金融等领域的应用将更加多元化、智能化，区域间不平衡将缩小。通过 5G 催生的分布式智能等新型技术架构，会降低人工智能的使用门槛，各行各业的智能应用落地会大大提速。广泛的行业实践会进一步推动人工智能基础理论和核心技术水平的提升，缩短与发达国家的差距，甚至实现弯道超车。充分利用 5G 的领先优势，有利于在智能革命的进程中，抓住历史机遇，引领第四次工业革命，促进经济高质量发展。

（二）工业互联网：铸就国际竞争硬实力

1. 工业互联网定义

工业互联网并非一种技术，而是通过开放的新型网络平台，综合应用新型信息技术和传统工业技术把设备、生产线、员工、工厂、仓库、供应商、产品和客户等要素紧密地连接起来，打通工业制造生产链、价值链和产业链，实现数字化、网络化、自动化和智能化生产。本书引用工业互联网产业联盟（alliance of industrial internet，简称 AII）给出的定义，即工业互联网是满足工业智能化发展需求，具有低时延、高可靠、广覆盖特点的关键网络基础设施，是新一代信息通信技术与先进制造业深度融合所形成的新兴业态与应用模式。

>> 工业互联网的源起和发展

2012 年 2 月，美国通用电气公司（GE）率先提出“工业互联网”的概念，并在航空、石油天然气、交通运输、医疗与能源行业等领域推出 9 个工业互联网项目。

2014 年 3 月，GE 联合 AT&T、Cisco（思科）、IBM 和 Intel（英特尔）4 家行业巨头成立工业互联网联盟（industrial internet consortium，简称 IIC），重新定义制造业的未来。该联盟旨在打破行业、区域技术壁垒，加速现实物理世界和虚拟世界全面融合。工业互联网联盟成员涵盖了微软、西门子、埃森哲、华为、EMC、SAP 等所有在工业互联网领域处于领导地位的企业。

近期，工业互联网联盟全面转型物联网，名称也改为美国工业物联网联盟（industrial IoT consortium），其缩写不变，仍为 IIC。目前，该联盟的创始成员为 EMC、华为和普渡大学（工程学院），包括 158 名成员，而 GE、AT&T、Cisco、IBM 和 Intel 这 5 家原 IIC 的创始公司已全部离开。

2. 工业互联网的关键技术

工业互联网是集成云计算、大数据、人工智能等多种技术和应用的创新集合体，除了前面提到的技术，工业互联网领域还有一些其他的关键技术。

边缘计算（edge computing）。由于行业和背景的差异，边缘计算存在多种定义，本书对边缘计算的定义是，在靠近物理对象或数据源头的终端边缘侧，集成网络、计算、存储、应用等核心能力的分布式处理技术平台。边缘计算的实时处理能力对于推进工业互联网建设发挥着重要作用。边缘计算和云计算都是分布式计算范式，但两者在数据的生产和消费上存在差异。在云计算应用场景下，云端是数据的生产者，用户和终端设备则是数据的消费者，例如，智能手机对于 YouTube 云计算来说是消费者。在边缘计算应用场景下，用户和终端设备是数据的生产者，云端则是数据的消费者，例如，物联网传感器数据通过边缘计算上传到云端进行消费。

数字孪生（digital twin）是指基于现实世界，利用数字化技术映射出的与现实世界高度同步一致的数字化镜像。数字孪生具有模块化、自治性和连接性的特点。利用数字孪生技术，可从测试、开发、工艺及运维等角度，打破现实与虚拟之间的藩篱，实现产品全生命周期内生产、管理、连接的高度数字化及模块化。数字孪生被认为是发展工业互联网的关键技术，是生产数字化、自动化的推动者，能够通过数字化模拟仿真进行产品研发、运行模拟、实时监控、风险排查等工作，实现提高决策效率、降低实验成本、预防生产风险等目的。

3. 工业互联网与数字经济

工业互联网打破了工业生产的物理和组织边界，形成了跨设备、跨系统、跨区域的智能互联平台，对于提升工业竞争力、实现智能制造具有十分重要的意义。一方面，工业互联网能够打通生产组织内部，将产品设计、生产制造、供应链及分销等生产环节以数字化的方式串联成有机整体；另一方面还能实现产业链上下游间的资源有效协同，促进制造资源泛在连接、弹性供给和高效配置，推动制造业创新模式、生产方式、组织形式和商业范式的深刻变革。可以说，发展工业互联网是抢抓新一轮工业革命的必然选择，对于推动全球工业生态体系的重构迭代和全面升级有至关重要作用。

近年来，美国提出的先进制造业领导战略，德国提出的工业 4.0 战略，日本提出的互联工业战略，都是以工业互联网为基础推动经济高质量发展的。目前，我国制造业门类齐全、体系完整，具有联合国产业分类中所列举的全部工业门类，但我国仍面临创新能力不强、产业附加值低、软硬件平台多数依赖进口等问题，要实现从制造大国向制造强国转变，必须大力发展工业互联网，通过构建开放、协同、高效的工业互联网研发平台，增强制造业技术创新能力，帮助制造业实现经济全要素、全产业链、全价值链的资源优化配置，提高全要素生产率。

（三）物联网：迈向万物互联世界

1. 物联网定义

物联网概念雏形最早出现于 1995 年比尔·盖茨的《未来之路》一书中，但受限于技术的发展，并未引起广泛重视。随着技术的发展，1999 年美国麻省理工学院自动识别中心的阿希顿教授首次提出“物联网”的概念。物联网的主要目的是实现物与物、物与人、所有的物品与网络的连接，通过智能感知、识别技术与普适计算、泛在网络的融合应用，实现智能化识别和管理，被视为互联网的应用拓展。就定义而言，物联网（internet of things，简称 IoT），主要是指通过传感器、射频识别技术、全球定位系统、红外感应器、激光扫描器、气体感应器等传感设备，按照约定的协议，将各种物品与互联网相连接，进行信息交互和通信，以实现对物品的智能化识别、定位、跟踪、监控和管理的一种网络。简单来说，物联网就是万物相连的互联网。

2. 物联网主要特点

物联网主要包括全面感知、可靠传递、智能处理三方面的特点。首先，全面感知。即利用射频识别、传感器、二维码等技术随时随地获取物体的信息。其次，可靠传递。即通过各种电信网络、互联网、移动互联网等将物体的信息实时准确地传递出去。最后，智能处理。即利用云计算、边缘计算、模式识别等各种智能计算技术，对海量的数据和信息进行分析和处理，对物体实施智能化的控制。

3. 物联网架构

一般来说，物联网技术架构可分为三层，分别是感知层、网络层、应用层。如图 7 -5 所示。感知层主要由温度传感器、湿度传感器、射频识别标签等传感器构成，实现对物理世界的感知和识别；网络层是利用无线网络技术和移动通信网络实现数据的传输，主要由计算机网络、互联网、云计算平台等设备组成；应用层则对网络层传输来的数据进行处理，并与行业和领域需求结合，实现智能应用。如果将物联网架构比喻成一个人，那么，感知层就像人的五官，个体通过嗅觉、味觉、触觉等，帮助我们感知外部环境；网络层就像神经系统，传输感知的数据和信息；应用层就像人的大脑，对接收的信息进行汇总，并做出判断和决定。

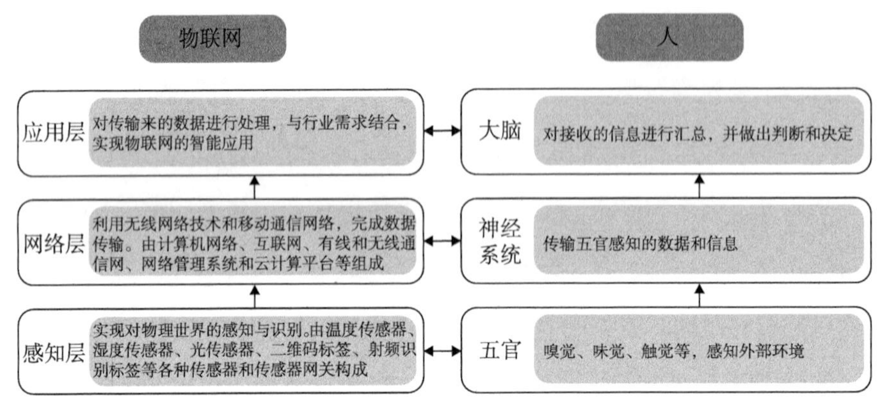

图 7－5　物联网架构图

4. 物联网与数字经济

基于物联网，任何物理的和虚拟的物体都可以连接到其他物体和互联网上，将物理世界和虚拟世界结合在一起，形成一个全新的感知、分析和适应的智能环境，让人类生活更轻松、更安全、更高效和更人性化。物联网的发展将带动数据资源的几何级增长，数据总量将远远超出互联网数据总量。据 IDC 预测，到 2025 年，物联网设备将产生超过 90 泽字节（ZB）的数据。这些数据将在提高生产效率、改善生活质量、创新商业模式、加强社会治理等诸多方面发挥巨大的创新推动作用。

物联网技术作为全面智能互联、实时感知必不可少的关键技术手段，已经成为各地智慧城市技术构架中的基本要素和模块单元，在提升城市基础设施智能化、市政管理数字化、城市运行高效化上发挥重要的作用。目前，我国正处在新一轮产业变革和社会绿色、智能、可持续发展的关键时期，在这一过程中，物联网技术将为交通、医疗、物流、农业、制造业等各行各业的数字化转型升级提供强有力的支撑。如图 7 －6 所示。

图 7 －6　物联网技术的部分应用场景

第二节　加强核心技术自主创新

核心技术是推动数字化发展的基石，只有筑牢核心技术自主创新的根基，才能掌握创新自主权、发展主动权，才能让数字经济的大树枝繁叶茂。

一、我国核心技术发展现状

（一）核心硬件自主创新

“缺芯少魂”已成为制约我国经济高质量发展的“卡脖子”问题，这里的“芯”指的就是芯片。作为我国重要的核心硬件，近年来我国在芯片的技术研发和产业发展方面取得了显著成绩。在制造技术方面，我国芯片设计制造工艺不断优化，近年来，设计、制造、封测等生产各环节迎来了迅猛发展，华为已有半数手机芯片由自家的华为海思供应，紫光展锐已成为全球三大独立手机芯片企业之一，中芯国际正在推进 7 纳米工艺的研发，长电科技也已经成为全球第三大封测企业。在兼容性方面，我国软硬件生态不断完善，在操作系统兼容性方面，国内企业均兼容统信、麒麟软件等主流国产操作系统；在硬件兼容性方面，已基本兼容国内外主流的内存、硬盘和显卡产品，并广泛应用于国防、高性能计算机、北斗导航等领域，已形成多个小型的软硬件生态。在产品应用方面，市场应用初具规模，我国已在党政办公、重点行业等市场应用中初步实现了国产替代。在自动驾驶领域，我国发布的芯片“征程 5”，其算力水平大幅领先国际水平，性能可以排进前三。

>> 我国超算取得长足进展

算力作为数字经济时代新的生产力，是支撑数字经济发展的坚实基础，在推动科技进步、促进行业数字化转型以及支撑经济社会发展中发挥重要的作用。当前，我国在超级计算机领域取得长足进展。从算力服务看，国家超级计算服务网格已接入天津、广州、深圳、长沙、济南、无锡、郑州和昆山 8 个国家超算中心，各地方、各行业、各高校也在推进高水平超算中心建设，目前累计服务用户超 2 万，支持 2000 余项国家各类科学计算和重要工程项目研究。我国在研制完成每秒可进行百亿亿次数学运算（E 级）原型机基础上，正向 E 级超级计算机进军。

（二）基础软件自主创新

基础软件主要包括操作系统、数据库、中间件等，是整个软件产业体系的基础，也一直是我国软件产业发展的薄弱环节。2009 年，国家启动“核高基”科技重大专项以来，我国基础软件产业的研发力度逐渐提高，服务水平增长较快，国产基础软件和产品形成了一定的影响力。在基础软件开发和开源方面，华为一马当先，2019 年华为实施了欧拉操作系统的开源，2020 年 3 月华为宣布了人工智能计算框架 Mind Spore 的开源，同年 6 月份提出 Open Gauss 的开源。在终端操作系统方面，华为开发的鸿蒙系统（Harmony OS）发展渐入佳境，已成为全球第三大手机操作系统。在其他操作系统方面，国内已形成银河麒麟、中标麒麟、统信等多家共同发展的局面。在数据库方面，我国数据库市场规模从 2016 年的 67. 83 亿元增至 2020 年的 188. 43 亿元，主要企业包括 TiDB、阿里云 PolarDB、武汉达梦等，并逐步形成良好的数据库产业生态圈。

（三）共性技术自主创新

关键基础材料、核心基础零部件和元器件、先进基础工艺、产业技术基础是提升工业核心竞争力的重要基础。经过数十年的发展，我国工业领域基础共性技术取得了长足进步，初步建成了完整的产业体系，我国基础件产品（核心基础零部件和元器件）能满足国产整机的一般性配套要求，一些成熟的、自主开发的中低端产品能批量出口，可承担起为各行业提供通用零部件的重任，部分高端装备领域的产品取代了进口。我国已成为全球电子元器件的主要生产国，产量和销售额均位居全球前列。依托以国家实验室、国家工程研究中心、高等院校和研究所为核心的研发体系，我国稳步推进关键基础件的研发和配套工作，开展基础技术的创新研发任务，我国正从仿制、引进消化阶段迈向自主设计、探索创新阶段。

二、我国核心技术自主创新存在难点问题

近年来，我国关键核心技术在多点上取得丰硕成果，在支撑经济高质

量发展方面发挥重要作用，然而，我国关键核心技术总体上与发达国家仍存在较大差距，有些甚至存在代际差距，“卡脖子”问题依然严峻。具体表现为以下几个方面。

（一）“卡脖子”问题存在于多领域多环节

“卡脖子”问题主要表现在关键共性技术、前沿引领技术、颠覆性技术创新等多个方面，既有面向产业发展的问题，也有基础理论研究不足的问题。在行业方面，一些产业链的部分关键环节高度依赖国外供给，存在断链断供风险。在共性技术方面，我国先进基础工艺研究薄弱、推广应用程度不高、产业技术基础薄弱、服务体系不健全等问题依然存在，与发达国家的差距仍然较大。例如，工业软件是制造业在材料、工艺、控制、应用等多个层级协同的集中体现，其生命力在于与工业需求的深度融合，但由于数据积累的不全面、产业生态体系的不完善，工业企业存在“重应用、轻研发”的理念，造成了我国工业软件领域相关企业核心竞争力不足等问题。

（二）基础科学研究短板依然突出

当前，我国底层基础技术、基础工艺能力不强，重大原创性成果缺乏，高端芯片、基础软硬件、开发平台、基本算法、基础材料、基础元器件等方面的瓶颈依然突出，关键核心技术受制于人的局面没有得到根本性改变，其根本原因在于基础理论研究的不足。可以说，越往产业链、价值链上游延伸，我们的自主可控能力就越弱，一些环节的自给率就越低。要改变这种局面，关键在于持续加大基础科学研究，力争在新架构、新材料等方面实现突破。

（三）内需潜力与研发动力不匹配

我国超大规模市场和巨大内需潜力能推动新技术的快速迭代和规模

化应用，但当前我国巨大的内需潜力尚难以有效转化为关键核心技术研发的动力。一方面，出于对新产品新技术可靠性的担忧，这些新产品新技术难以获得市场认可，也就难以在国内市场实现迭代和发展成熟，创新企业也难以通过新产品新技术获得接续研发的资金，这在客观上造成了国内产品聚集在中低端、研发长期处于跟随状态的局面。另一方面，一些领域的相关政策和管理方法尚不能完全适应市场需求，使市场主体对市场机会的判断受到影响，进而直接影响企业的整体利润、研发投入和可持续发展能力。

（四）科技创新组织模式面临新挑战

新环境下，关键核心技术攻坚越来越取决于产业链生态系统的完整性和开放性，这也对科技创新的组织模式提出了更高要求。数字化发展的大趋势促进了以消费者为中心的商业变革，交易活动的非中介化和网络化使“用户”在关键核心技术攻坚中扮演着重要角色，形成了“以用户为中心”的新价值创造模式。与此同时，数字技术的融合性、数据的驱动性和业务的协同性等特点，极大地挑战着现有资源配置的组织模式、协调模式、管理流程和评价标准。

三、筑牢核心技术自主创新根基举措

近年来，我国在数字关键核心技术方面取得了一系列突破和成绩，但在一些关键核心技术和领域仍与发达国家存在一定差距。为有效破解“卡脖子”技术难题，要加强关键核心技术攻关，实现高水平自立自强，牢牢掌握发展自主权，为做强做优做大我国数字经济提供基础支撑。

（一）加强基础研究能力

基础研究是创新的源头，没有强大的基础研究，很难产生原创性、变革性、颠覆性的关键核心技术。建议强化系统部署，持续大力支持大数据、人工智能等重点领域基础算法研究，推动颠覆性技术创新，提升科技持续供给能力，通过开辟新领域、提出新理论、发展新方法，取得重大开创性的原始创新成果。完善体制机制，建立健全符合数字关键技术发展的评价体系和激励机制，对自由探索和颠覆性数字技术创新活动建立免责机制，创造有利于数字技术基础研究的良好科研生态。加强多要素保障，建立健全基础研究要素投入机制，加强全社会基础研究投入力度。充分发挥财政投入引导作用，有效发挥企业在基础研究中的作用，鼓励带动企业和社会资金投入，加快建立多层次、多行业、多途径协同联动的基础研究投入体系。

（二）补齐关键技术短板

在规划布局方面，明确重点发展方向，组织各方力量协同攻关，充分发挥各个创新主体的积极性，高效落实和迅速推进重点项目。在任务部署方面，实施数字技术战略发展计划和工程，对重点关键领域，加强研发、推动迭代创新，补上精密传感器、高端芯片、操作系统、基础软件、基础材料、基础元器件等领域的技术短板。在体制机制方面，实施“揭榜挂帅”机制竞争择优，激励市场投入，提升科研投入绩效，用好“赛马制”进行阶段性考核、竞争性淘汰，激发创新活力，提升研发效果，强化重大创新成果的“实战性”，设置项目资金管理“包干制”模式，有效加大科研人员激励力度。

（三）强化优势技术供给

加快建立以企业为主体、市场为导向、产学研用深度融合的数字关键核心技术创新体系。培育壮大一批核心技术能力突出、集成创新能力强的创新型领军企业，增强企业在产业创新链中的协同整合能力，完善支持数字关键核心技术攻关的产业创新体系，牵头建设一批以共同利益为纽带、以市场机制为保障的任务型创新联合体。构建技术创新平台，重点布局区块链、云计算、5G、物联网、人工智能等领域，围绕产业链部署创新链，推动技术创新中心、产业创新中心及重点企业技术中心等技术创新平台协同发展，构建完善的优势技术创新供给体系。强化金融支持创新，健全适应创新链需求、覆盖科技型企业全生命周期的科技金融服务体系，为新技术应用、新业态成长提供支撑。

（四）超前布局前沿技术

适度超前规划前沿技术，聚焦新兴技术、新兴产业的战略方向，加强前瞻性、引领性技术研发布局，瞄准下一代移动通信技术、量子信息、神经芯片、类脑智能等新兴技术做好战略技术储备。加强数字技术与生物、材料、能源等领域技术融合的前沿技术理论攻关，实现以数字技术赋能带动新兴技术、产业的群体性突破。开展交叉研究平台建设，以前沿科学问题为牵引，布局一批前沿科学中心和交叉学科中心，促进形成新的科学突破点和技术转化点。推动建设跨领域、高水平的创新基础设施共享平台，促进大型科学装置、仪器、设备、设施的建设与共享，为前沿技术发展提供设施保障。建立健全利于学科融合创新的体制机制，促进多学科对综合性复杂问题的协同攻关。

第三节　元宇宙：数字经济发展新空间？

元宇宙（Metaverse）作为2021年全球科技界的热词，火爆全网，受到学术界、产业界和政策制定部门的广泛关注，更有甚者将2021年称为元宇宙元年。目前，各界对元宇宙的看法不一，但大家一致认为，元宇宙将成为一个全新的互联网形态，并为未来数字经济的发展奠定基础。

一、元宇宙概念

虽然许多人近些年来才听说元宇宙，但它并不是一个新的概念，元宇宙一词最早诞生于美国作家尼尔·史蒂芬森于1992年创作的科幻小说《雪崩》（*Snow Crash*），随着数字技术应用的不断创新和科技公司Facebook改名为Meta，这一概念逐渐受到大家关注。

目前，业界和学术界对这一词汇尚无统一的定义，《牛津英语词典》将元宇宙定义为“一个虚拟现实空间，用户可在其中与电脑生成的环境和其他人交互”。该词汇在早期中文译本中被翻译成超元域，即借助互联网和虚拟现实等前沿人机交互技术，构建一个超越现实、永续发展、多人在线的大型共享虚拟空间。

钱学森先生与元宇宙

早在1990年，钱学森先生在写给汪成为院士的信中提到，“virtual reality”中文译名可以是“人为景境”或“灵境”，并表示他“特别喜欢‘灵境’，中国味特浓”，还对灵境做了展望与期待。在1991年7月13日就预言：“‘灵境技术’（VR）可能是比较现实的人机综合智能系统，21世纪会有大发展。”目前元宇宙的概念与钱学森先生的多个设想不谋而合，当前元宇宙的各种概念并没超出钱学森先生在1992年提出的“大成智慧工程”的框架。在1993年7月3日的信中，钱学森先生还指出，“灵境”技术及多媒体能大大拓展人脑的知觉，使人进入前所未有的新天地。

二、元宇宙主要特点

元宇宙是各种想象和现实交织的多维虚拟空间，承载了人类的梦想和文明。正如英伟达（NVIDIA）Omniverse 和仿真技术副总裁 Rev Lebaredian 所说的，长久以来，人类一直在探索构建新的集视觉、听觉、触觉等于一体的虚拟现实世界。音乐、文学等艺术为人类描绘了基于感官的虚拟现实世界，*Roblox*、《堡垒之夜》等游戏为我们提供了体验虚拟现实的入口，《黑客帝国》《头号玩家》等影视作品为人类带来了未来元宇宙应用的无限畅想。

目前，对于元宇宙特点的讨论比较多，Roblox 公司 CEO 巴斯祖奇将元宇宙归结为身份、社交、沉浸感、低延时、多元化、随时随地、经济系统和文明八方面特点，目标是让人们能在元宇宙中获得深度体验。风险投资家马修·鲍尔认为元宇宙的特点包括持续运行、同步和实时、无准入限制、完整的经济功能、无缝切换体验、开放和操作、可创造等方面特点。本书认为元宇宙一般来说具备虚实融合、自洽运行、同态体验和高度沉浸等特点。如图 7-7 所示。

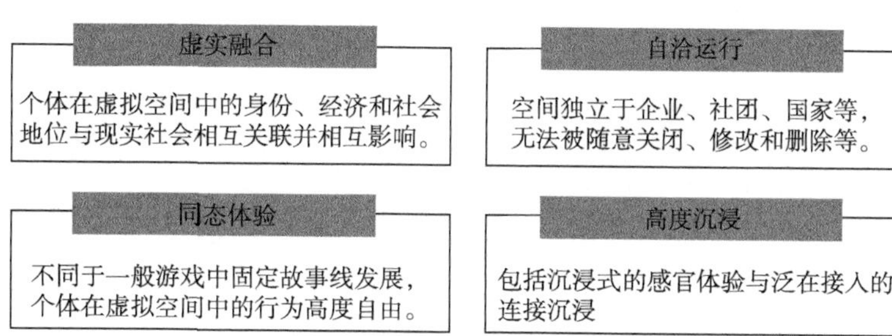

图 7-7　元宇宙主要特点

元宇宙是一个融合 5G、人工智能、区块链等多种技术的创新应用场景，最终目的是希望创造一个与物理世界并行并高度耦合的虚拟空间，通过打造数字内容社区，让用户享受沉浸式的交互体验。然而，从元宇宙的特点来看，目前众多贴上元宇宙标签的应用和游戏并非真正意义上的元宇宙，它们仅仅是未来元宇宙的一种体验方式。连元宇宙第一股 *Roblox* 游戏，因在低延时、开放性方面的不足，其沉浸感方面离真正的元宇宙仍有不小的差距。

三、国内外发展现状

（一）元宇宙发展沿革

元宇宙融合了最前沿科学技术应用，目标是打造与物理世界高度关联的数字世界，让每个人都可以真正摆脱物理空间、社会身份等的束缚。据相关机构预测，目前全球已经有差不多 25 亿人参与到虚拟经济中，全球元宇宙市场规模在 2030 年将达到 1.5 万亿美元。元宇宙概念大致经历了萌芽、探索、快速发展三个阶段。如图 7－8 所示。

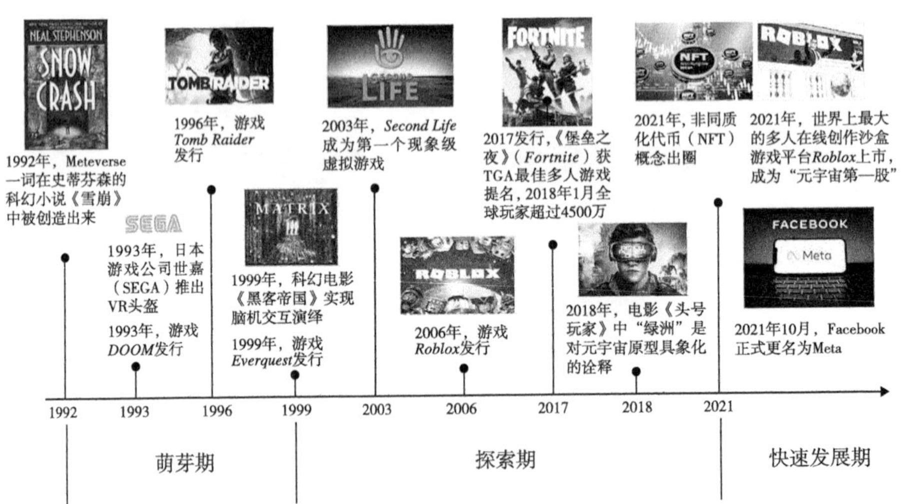

图 7－8　元宇宙发展阶段

从1992年元宇宙概念诞生以来，国内外企业纷纷布局元宇宙，1993年日本世嘉（SEGA）公司发布VR头盔、1996年游戏*Tomb Raider*发行、1999年《黑客帝国》上映演绎脑机交互、2006年游戏*Roblox*发行、2021年10月Facebook更名为Meta，等等，经过几十年的发展，美国在元宇宙的理论研究和生态发展上相对领先，脸书、微软、苹果、谷歌、亚马逊、英特尔等巨头发挥自身优势在元宇宙硬件设备、内容生态、操作系统等领域不断发力，美国已初步形成包括游戏体验、游戏开发、编程教育等的一体化的完整生态体系。如表7－4所示。国内字节跳动、腾讯、百度、网易等企业基于自身优势探索元宇宙实践。

表7－4　国外主要企业元宇宙布局

企业名称	布局态度	布局方向	具体内容
脸书	积极参与	终端硬件、内容应用、金融支付等	1. 布局终端设备。斥资20亿美元收购了VR设备公司Oculus；发布触感手套的最新研究进展； 2. 布局数字货币。2019年6月发布《Libra数字货币白皮书》；2020年Libra正式更名为Diem； 3. 布局内容生态。收购6家VR公司和游戏工作室，打造包括居家场景、远程会议、远程办公、游戏社交等在内的社交应用生态
微软	积极参与	终端硬件、操作系统等	1. 争夺元宇宙入口。推出MR头显HoloLens、HoloLens2； 2. 重视元宇宙在产业领域的应用。推出Connected Space和Meshfor Teams两款元宇宙应用
苹果	谨慎对待	专利、开发平台等	1. 申请专利。例如视网膜直接投影技术、可变焦透镜系统等与AR眼镜相关的专利； 2. AR开发平台。布局AR Kit、Reality Kit、Reality Composer、Reality Converter等AR开发平台
谷歌	积极参与	终端设备、云计算服务等	1. 布局终端设备。推出消费级AR智能眼镜Google Glass、Google Glass企业版； 2. 提供云计算服务。拥有强大的云计算和AI服务能力； 3. 开发通信技术。专门开发了一种名为Project Starline的通信技术，实现裸眼全息3D会议

续 表

企业名称	布局态度	布局方向	具体内容
亚马逊	不温不火	终端设备、云计算服务等	1. 推出 AR 购物设备。推出了一款名为 Room Decorator 的 AR 购物工具，支持用户可视化查看家具和其他家装饰品； 2. 推出云服务产品。利用云计算方面的优势，推出了与元宇宙相关的云服务产品。例如，在工业领域，元宇宙的一个重要应用是数字孪生
英伟达	积极参与	芯片和底层的软件支撑服务	1. 布局芯片领域。推出了专为 TB 级加速运算而设计的 CPU Grace 和与 GPU 配套使用的计算解决方案； 2. 推出软件支撑服务平台。推出 3D 设计协作平台 Omniverse

（二）数字身份：人类在元宇宙中的数字分身

作为人们在元宇宙中的数字分身，数字身份随着元宇宙概念的“出圈”再次成为人们关注的焦点。谈到元宇宙，就不得不提到数字身份。不同于互联网时代每个人拥有的账号，元宇宙中的数字身份不仅是身份凭证，其更强调真实世界与数字世界的交互。当前，与数字身份相关的概念比较多，出现最多的为数字人、虚拟人、虚拟数字人，各概念间存在一定差异，本书不深究各概念的源起和隶属关系，而统一用“数字人”来进行表述。

目前，各企业纷纷打造自己的“数字人”，从 2016 年就在 Instagram 上吸粉 300 万的虚拟网红 Lil Miquela，到最近在抖音圈仅凭一条 128 秒的视频就爆火、粉丝近 900 万的虚拟美妆主播柳夜熙，再到冬奥宣推官冬冬，这些“数字人”的推出让我们对元宇宙充满了期待。但目前业界推出的“数字人”与元宇宙中的“数字人”还相去甚远，或者说两者其实是两个概念。元宇宙的一个特点就是“虚拟融合”，也就是说，元宇宙的“人”其实是真实世界中人的一种数字体现，这种体现不仅仅是人本体的数字化，元宇宙的“人”在数字世界中的行为和想法更是真实的人在物理世界意识和思想的一种映射。

2020 年亚马逊推出科幻喜剧《上载新生》(*Upload*),故事构造了一个可以将人的意识上载到数字世界,上载意识的人可以脱离肉体和时间的桎梏,而数字世界中的“数字人”保留上载者的记忆、习惯等,可以根据个人喜好随意变换服装、季节、天气,随时与亲朋好友交流。剧中“我死了,但我还活着”这句话更是整部剧的缩影,很好地诠释了元宇宙中数字身份和虚实融合的概念,让我们看到了未来元宇宙的影子。

>> 脸书与元宇宙

脸书公司(Facebook)一直走在元宇宙探索的前沿,对元宇宙的态度可以用“ALL IN”来体现。脸书很早就开始着手元宇宙研究和实践,2021 年 6 月组建元宇宙小组,2021 年 10 月,更是直接将 Facebook 更名为 Meta,创始人马克·扎克伯格希望用 5 年左右时间将 Meta 打造为一家元宇宙公司。

Meta 积极布局元宇宙终端设备、数字支付、内容生态等方面,目前,已覆盖了办公、游戏、社交、教育、健身等多种应用场景,并在不断探索丰富。

1. 布局终端设备

Meta 在 VR 硬件方面处于行业龙头地位,并通过硬件渗透率的提升,促进软件和应用生态的完善。2014 年 7 月,脸书公司斥资 20 亿美元收购了著名的 VR 设备公司 Oculus,并持续加码 VR 生态。2016 年发布了第一代消费者版 VR 设备 Oculus Rift CV1,目前,共推出了 5 代产品。据 IDC 统计,2021 年第一季度的 VR 硬件市场,Oculus 系列产品的市场份额占比达到 75%。此外,Meta 也在积极布局 MR、XR 领域,以完善终端设备的发展生态。

2. 布局数字货币

早在 2019 年 6 月,脸书公司就发布《Libra 数字货币白皮书》,希望建立一套简约的、无国界的货币和金融基础设施,在安全稳定的区块链基础上创建数字支付货币。2020 年 Libra 正式更名为 Diem,Diem 已经成为一种与美元、欧元等法定货币挂钩的加密货币,具有现金、短期国债等流动储备资产的完全支撑。

3. 布局内容生态

Meta 不断提升场景内容制作能力，近些年收购 6 家 VR 公司和游戏工作室，打造包括居家场景、远程会议、远程办公、游戏社交等在内的社交应用生态。Meta 依托自身 Facebook、Instagram 等约 30 亿用户的社交平台，为元宇宙内容、应用的试验与创新提供了孵化温床。此外，Meta 通过底层技术研发，开发工具及平台，以 Spark AR、Presence Platform、Pytorch 等赋能内容创作，联手创作者共同实现元宇宙愿景。

（三）数字资产：元宇宙经济生态的循环要素

元宇宙要成为与物理世界平行运行的世界，就需要有与物理世界相同作用的独立经济生态，每个人都拥有自己的数字资产。资产，即隐含着产权和可交易的属性，比如《王者荣耀》中的“皮肤”，如果玩家喜欢，可以在平台上购买获得，购买后不可以进行转卖。游戏中的“皮肤”是平台创造出来的，只能在游戏中进行购买，不能脱离游戏平台而存在，换句话说，不同平台间的虚拟产品是没有通用性的。不同于游戏世界里的“皮肤”“金币”等，元宇宙中的数字资产可以在元宇宙中跨平台流通，同时可以兑换成现实货币，这种独立的经济生态打破了现实世界和数字世界的壁垒。

目前，被炒得火热的 NFT 就被看作元宇宙的虚拟数字资产之一。在国内，与 NFT 对标的是“数字藏品”，由于国内监管的要求，NFT 在引入国内后，去除了其代币属性，“数字藏品”在国内的定位更倾向于数字化资产。当前，我国数字藏品市场火热，发行数字藏品的平台超过 400 家，2021 年发售量超过 456 万份。据预测，我国数字藏品交易市场在未来几年内将达到 500 亿～800 亿元规模。

历史经验一次次表明，技术发展的上限和空间往往会大大超出人们早期的预测。但同时也有大量的案例表明技术概念的过度炒作对产业发展的伤害。元宇宙离我们有多远？它是否能够大幅拓展数字经济的创新发展空间？这需要实践给出答案。我们今天既要对技术创新前沿趋势保持足够的敏锐并加快前瞻性布局，同时也要警惕没有实质性技术内涵和创新增量的炒作，“新瓶装旧酒”是一个十分管用的老词了，它一次次提醒我们如何理性地甄别满天飞的概念。还是多一些技术创新、少一些概念炒作，把创新的发言权交给那些真正的创新者和实践者，理性务实开启数字经济元宇宙的未来。

第八章 筑牢数字经济安全防线

数字经济安全是经济安全和信息安全的新型交叉领域。如图 8 – 1 所示。随着数字经济的蓬勃发展，数字经济安全呈现出泛在化、生态化、要素化、交叉化以及实体化的新趋势，传统信息安全防护体系已经难以应对数字经济安全挑战。

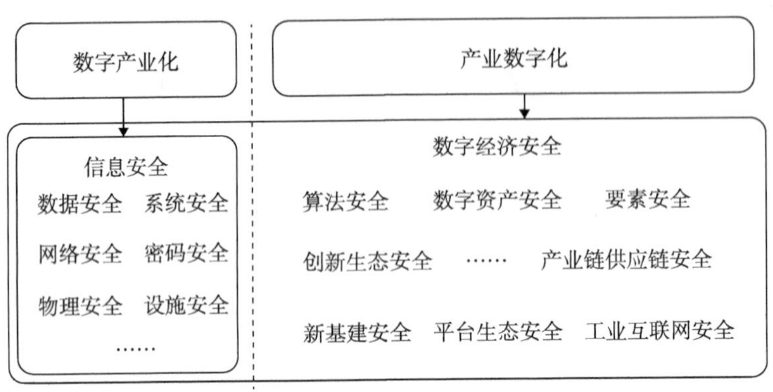

图 8 – 1　数字经济面临更加复杂的安全问题

第一节　数字经济安全的新特点

一、由领域安全向泛在安全转变

传统的信息安全主要集中在数字产业化领域，涉及信息化程度较高的行业。在产业数字化背景下，实体经济逐步全面推进数字化转型，各行各业都面临着基于信息网络技术开展业态创新和业务重构，几乎每个行业都会涉及信息安全问题。同时，数字经济发展形成了经济安全和信息安全的融合领域，不仅涉及传统的技术问题，还涉及算法、生态等问题，因此，仅仅通过传统的加固防火墙、入侵检测、加密算法等安全防护体系已无法满足数字经济安全的要求。

二、从系统安全向生态安全演进

数字经济的发展使得产业上下游联系日益紧密，信息流成为引领和驱动人才流、物质流、资金流的重要驱动力量，一处突破的风险，可能造成一系列的重大损失。芯片断供成为全局性风险的趋势愈加明显，能够瘫痪整合产业链供应链。当前，我国数字经济发展的新业态、新产业创新还停留在业务创新层面，核心技术被禁用、关键元器件被断供将直接导致产业链“休克”，对数字产业化形成生态型损害。这不仅表现在核心芯片、操作系统、大数据核心技术等方面，甚至物联网传感器等较为基础的核心技术也存在受制于人的情况，不仅影响单个企业，更严重影响全产业链安全。

三、由信息安全向要素安全演进

数据的有序流动是数字经济健康发展的重要前提条件。尽管我国早在2015 年就构建了第一个大数据交易所，但是由于数据确权、数据标准化、数据要素贡献度量、数据授权使用等问题未能解决，健康的数据交易市场尚未形成，数据要素市场还未建立。地下数据交易仍然十分猖獗，少数不法企业和组织大肆进行数据买卖，相当多的移动 App 过度采集用户数据。数据在创新赋能上具有乘数效应，在引发风险上同样具有乘数效应。数据和实际利益日益强相关，数据要素的无序配置易引发倍数性损害。

四、由间接危害向实体危害演进

产业数字化发展正在使数字经济安全日益同实际经济安全高度关联，

造成的损害也越来越大，实际影响实体经济安全。工业互联网的发展使得越来越多的工控系统由孤岛运行转向互联互通。网络信息安全一旦发生系统性风险，将对经济社会正常运转产生巨大影响，甚至直接影响国家安全和主权。如表8－1所示。专门针对物理世界中基础设施的震网病毒（Stuxnet）自2010年6月被首次检测出以来，核电站、水坝、电网、机场等国家重大基础设施安全一直受到互联网安全专家的关注。英国伦敦国际战略研究所在报告中甚至称，“未来的战争将以大规模网络攻击而非传统的发射导弹为开端”，数字经济的发展无疑进一步加大了这种可能性。

表8－1　两次针对中东国家核设施打击对比

	巴比伦行动	震网行动
时间	1977—1981年	2006—2010年
攻击类型	物理攻击	网络攻击
被攻击目标	伊拉克核反应堆	伊朗纳坦兹铀离心机
人员投入	以色列特工、空军，美国情报人员、空军，伊朗空军	美国、以色列情报人员、网络专家、软件专家、工业控制和核武器专家
投入装备	6架F－15、8架F－16、24名飞行员	震网病毒、离心机和控制模拟装置
主要过程	前期侦查、空袭核反应堆	情报搜集、研制震网病毒、病毒暴发控制并破坏离心机设施（高温自毁）

第二节　数字经济面临的主要风险挑战

总体来看，除了传统的网络安全风险，我国数字经济发展还面临数据安全、算法安全、开源断供、生态安全等风险。

一、网络安全风险

传统的网络安全防护一般基于物理边界将网络分为内网和外网，而数字经济时代网络内外部边界开始逐渐模糊。边界的模糊使得网络安全形势不容乐观，网络攻击方式演进升级。一方面，针对能源、交通、电信等关键行业的网络攻击事件频发，对社会稳定运行和民众生产生活产生深远影响。另一方面，针对新技术、新场景的网络威胁日益增多。以车联网为例，平台、网络、算力等车联网基础设施安全风险错综复杂。随着网络攻击方式演进升级，网络攻防对抗愈加激烈。在攻击手段方面，利用漏洞实施链式攻击的行为更加频繁。在攻击战术方面，网络防御方安全能力的提升加大了网络攻击的难度，网络攻击方转向以多种手段规避网络安全防线，达到网络攻击入侵目的。在攻击目标方面，在利益驱动下，网络攻击目标愈加精准，攻击者开始通过收集攻击目标信息，瞄准“高价值”目标实施攻击。

>> 工业互联网安全日益重要

工业互联网是产业数字化的最重要的技术载体。随着产业数字化的深入推进，物理分散的工业生产系统正在逐步实现日益紧密的逻辑互联。互联互通带来协同生产、智能制造的创新红利的同时，也使得工业控制系统风险日益严重。2010 年，世界上首个针对工控系统的震网病毒出现以来，网络信息安全逐步由虚拟世界直接影响经济社会生产生活的现实世界，实体经济的信息安全风险日益突出。数字经济条件下，一个国家的政务、金融、电力、机场、铁路等关键领域都已经深深植根于网络信息系统，建立在石油基础之上的工业经济，正在全面向网络空间迁移，重新建立于数据基础之上。数字孪生一方面大大提升了工业生产的智能化水平，但是同时也带来了实体经济的脆弱性。产业数字化转型，使得更多的工控系统由封闭运行向网络化运行转变。

工业互联网打破了过去人机物之间、工厂与工厂之间、企业上下游之间彼此相对独立、纯物理隔离状态，构建起开放而全球化的工业网络。互联网为工业带来便利的同时，也带来了严峻风险问题。尤其是网络安全和工业自动化控制系统信息安全问题引发的事故案例正快速增加。传统的工业安全保障措施已经不能适应网络融合趋势下的风险控制要求，转型升级需求迫切。

二、数据安全风险

随着经济数字化、政府数字化、企业数字化的建设，数据已经成为我国政府和企业最核心的资产。近年来，数据泄露问题、隐私盗取问题、网络犯罪问题频发，公民的信息安全难以得到保障。据统计，仅 2020 年，全球数据泄露的数量超过过去 15 年的总和。数据信息泄露的新闻也层出不穷，从圆通员工泄露 40 万条公民个人信息到京东工作人员盗取 50 亿条个人信息等一系列事件严重威胁着公民的隐私安全。过度采集个人数据信息也使得数据安全风险加大，用户数据频频被盗用，存在严重的个人数据泄露问题。一方面由于技术安全隐患，缺乏有力的私人数据保护手段，用户缺乏安全的网络环境；另一方面由于很多社会主体在建设数字经济的过程中，注重应用数据的建设过程，而忽略了对数据的保护，因此数据在传输、处理的过程中容易发生被盗取的现象。公民的信息、数据被盗取不仅损害了用户的隐私安全，隐私泄露引起的网络犯罪率攀升、网络诈骗等一系列网络违法犯罪行为更是严重威胁着公民的财产安全。

>> 数据泄露案例

案例 1：脸书公司向剑桥分析公司泄露用户数据

2018 年 3 月，脸书公司承认，剑桥分析公司在 2016 年美国总统大选前违规获得了 5000 万脸书公司用户的信息，并成功地帮助特朗普赢得了美国总统大选。后来，脸书公司调查发现，最多有8700万用户的信息被剑桥分析公司不当分享。

2018年12月，华盛顿特区总检察长拉辛对脸书公司提起诉讼，称脸书公司误导用户之举触犯了特区的《消费者保护程序法》。2020年10月，拉辛又称，对该案内部文件的持续采访和审查显示，扎克伯格在一些关键决策中扮演着非常积极的作用。

案例2：某航空公司数据被境外间谍情报机构窃取

2020年1月，某航空公司向国家安全机关报告，该公司信息系统出现异常，怀疑遭到网络攻击。国家安全机关立即进行技术检查，确认相关信息系统遭到网络武器攻击，多台重要服务器和网络设备被植入特种木马程序，部分乘客出行记录等数据被窃取。

国家安全机关经过进一步排查发现，另有多家航空公司信息系统遭到同一类型的网络攻击和数据窃取。经深入调查，确认相关攻击活动是由某境外间谍情报机构精心谋划、秘密实施的，攻击中利用了多个技术漏洞，并利用多个网络设备进行跳转，以隐匿踪迹。针对这一情况，国家安全机关及时协助有关航空公司全面清除被植入的特种木马程序，调整技术安全防范策略、强化防范措施，制止了危害的进一步扩大。

三、算法安全风险

目前，人工智能已经成为数字经济中的通用型技术，以深度学习为代表的机器学习加速渗透到各行各业，产生了非常丰富的应用。作为引领人工智能技术加速变革的重要法宝，机器学习是一把双刃剑。一方面，以深度学习为主要技术模型的机器学习可以帮助人工智能摆脱对人为干预和设计的依赖，形成自主学习、自我创造以及自动迭代能力，甚至在学习思维上无限接近人类大脑。另一方面，机器学习又日益暴露出人工智能在自动化决策（automated decision-making）中无可回避的难解释性和黑箱性。基于人工神经网络结构的复杂层级，在人工智能深度学习模型的输入数据和输出结果之间，存在着人们无法洞悉的“黑盒”，即使是专家用户也无法完全理解这些“黑盒”。因此，可解释人工智能便应运而生，可解释人工智能可以分为全局可解释（使公众理解算法模型本身）和局部可解释（使公众理解算法模型的输出结果）。如果不解决这两个问题，不仅影响到用户对人工智能应用的信任，而且可能会带来算法歧视、算法安全和算法责任等方面的问题。

>> 人工智能换脸技术

一名中国男子，因长相酷似马斯克，不仅迅速在国内网络走红，甚至还吸引了马斯克本尊的关注，玩起了隔空互动。这听起来如同小说故事一般的事情竟在现实中上演了。就当大家乐此不疲地以此为谈资，期待这“两马”有朝一日能见面时，“翻车”虽迟但至。

随着“中国版马斯克”的走红，越来越多的国内网友开始对他真实的样貌产生了兴趣，不过遗憾的是，网友通过调查发现，这位“中国版马斯克”并非网络上流传的视频中的样子，从曝光照片来看，其本人的长相和马斯克本人不仅不像，甚至可以说是毫无关系。

不少网友认为这位“中国版马斯克”实际上就是使用了人工智能换脸软件来戏弄网友，从而博取关注度。现在，“中国版马斯克”不仅被禁言，还删除了微博，看来真的有很大可能是通过人工智能换脸技术假冒的。一旦被证实是假冒的，这位“中国版马斯克”就涉嫌侵犯他人肖像权。马斯克一旦追究起来，还会涉及赔偿问题。

四、开源断供风险

当前我国主流的开源社区仍然不成熟，还主要以利用国外开源代码、依托国外开源社区为主，总体上仍是国际开源社区的次生社区，呈现依附性强、自主性弱的问题，存在较大的开源产业链断供风险。国际主流开源基金会、开源项目以及多数开源许可证均诞生于美国或由美国公司掌控，随时可以因掌控方的需要而闭源断供。即使纯粹从商业角度看，由于开源模式的发展越来越涉及巨大的商业利益和产业链安全，不再是自由共享、永远免费的“无主之地”。受政治因素影响的断供案例频繁发生，例如，云平台开源软件 Docker EE 和 Docker Hub 于 2020 年 8 月受美国政策影响，禁止被列入实体清单的组织使用；2021 年 2 月，美国政府签署总统令，在开源软件领域对我国实施全面收紧限制措施。受商业利益驱使的断供事件也时有发生，例如，Red Hat 旗下的开源操作系统 CentOS 8 宣布于 2021 年底停止更新服务，对我国众多行业造成较大影响。这些例子充分说明增强我国开源生态自主能力刻不容缓。

五、生态安全风险

法律规范本身的滞后性，使数字经济治理步伐难以跟上技术革新带来的新情况、新变化、新问题。从伦理道德层面看，技术演进带来的关系重构、结构重塑，会带来“道德困境”“伦理困境”。例如，对深度学习技术的不当利用，会导致算法歧视；智能机器人的自主行为，会引发是否适用于法律人格约束的争议；智能系统的“价值判断”，可能会给现有的权责评判带来冲击。从个人层面看，数字经济或致技术性失业加剧，失业人口数量上升，导致低技能工人的工资降低；智能技术的发展带来了更便捷的工作方式，工作场景界限不明晰，社会成员的休息时间被挤占，带来社会福利降低风险；数字化产品的发展带来的电子信息设备使得家庭成员之间交流减少，引起家庭成员情感距离扩大的风险；信息能力影响着人们获得的产品质量，引起了信息能力差的社会成员获得的产品质量差的风险。

第三节　构建多元一体的数字经济安全体系

维护数字经济的安全，既是促进社会发展的需要，也是确保国家安全的必要。应统筹好发展与安全，着力平衡好“近和远”“标和本”“开和放”“管和治”的关系，坚持整体谋划、统筹推进、综合施策、多措并举、软硬结合、标本兼治，通过抓顶层、强法治、提能力、促创新、谋合作等多个层面，为数字经济发展筑起坚实的安全屏障。

一、强化统筹协调，健全法治保障

一是完善体制机制。立足国家治理体系和治理能力现代化的要求，建立健全各个层面的协调机制，不断完善网络安全执法机制、数据安全审查机制、漏洞信息共享利用机制等。二是完善法律法规标准。目前，我国已出台《中华人民共和国网络安全法》《中华人民共和国数据安全法》《中华人民共和国个人信息保护法》《网络数据安全管理条例（征求意见稿）》等法律法规，基本形成较为完善的网信法律体系，如图 8 -2 所示。但是，在数据交易等新领域、人工智能等新技术方面的法律规制有待细化。同时，不断加强立法统筹，处理好新技术与法律制度相对稳定的关系，推动数字时代法律法规和伦理道德体系构建，健全网络安全标准体系。三是完善综合执法协调机制。2019 年被称为“网络安全罚款元年”，仅英国航空等四家企业，因数据泄露被处罚金额就达近 90 亿美元。我国各部门越来越重视对数据泄露的执法，中信银行、中国农业银行等分别因违规提供银行流水、存在数据泄露风险等被银保监会罚款，相关部门也对多个 App、智能汽车违规收集个人数据的行为进行了处罚。健全网络执法工作规范，完善网络综合执法协调机制，加大网络执法力度，开展打击网络违法犯罪专项行动将会是今后很长一段时间的主要举措。

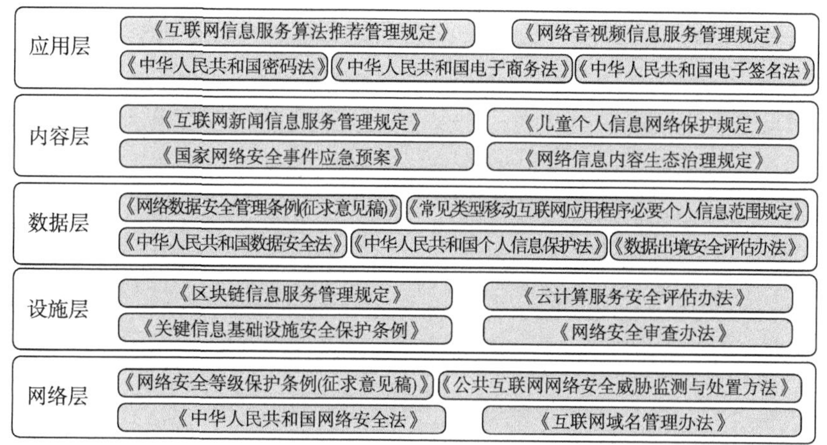

图 8－2　数字经济相关法律法规

二、强化能力建设，筑牢安全防线

一是夯实关键领域、补齐能力短板、提高防护水平、形成安全合力。强化新基建的安全防护，加强网络安全等级保护，深入推进国产替代化等工作，做好供应链安全风险防范，提高技术管网治网水平，做好新技术新应用的安全评估，研发适应新技术的监管保障体系。二是强化技术攻关。加强对新技术新应用的前瞻性研究，做好关键技术储备。精准聚焦迫切需求，加大对新兴科学技术的政策扶持、资金投入、综合保障。集聚创新要素，加强对数字经济共性技术平台的研究和建设，构建风险可防和安全可控的数字经济共性技术平台体系。三是建立数字经济安全风险预警系统。

借助云计算、大数据、区块链和人工智能等技术，对数字经济安全风险进行动态预警研判，定期发布安全风险等级，及时发现我国数字经济安全风险防控的短板和漏洞，为各级地方政府和数字企业防范、整改、处置和化解数字经济安全风险提供有效支撑。

三、推进开源自主，优化发展环境

发展开源模式对解决我国"少魂"心腹大患、实现软件产业自立自强、夯实数字经济发展基础具有十分重要的作用。一是坚持开源自主，形成政策合力。坚定不移地加快培育我国开源社区、开源基金会、开源协议和开源项目，从源头构建国家基础软件的安全底座。加强开源软件相关科技政策、产业政策、教育政策、知识产权政策及安可替代等工作的协同衔接，形成政策合力推进开源软件发展。二是统一根技术路线，构建开源公共服务平台。建立中国原生的统一的开源根社区，采用统一根技术路线开展可持续性聚焦创新。加强开源基础设施投入，建设集约化的开源社区公共服务平台，提供开源知识图谱、源代码托管、供应链管理、源代码安全评测、开源标准等功能，形成全生命周期的公共服务能力。三是加强新赛道布局，实施开源激励计划。大力引导产业资本在人工智能、大数据、云计算等领域的新型基础软件的开源创新，引导构建新赛道开源生态。探索建立采用财政资金鼓励社区突出贡献者的新模式，建立健全重大基础软件专项工作依托开源社区进行"揭榜挂帅"的创新机制，提高开源社区的发展动力。

四、推进技术创新，构建良性生态

一是促进产业发展。健全国家级网络安全技术和产业发展顶层设计，推动形成网络安全产学研一体融合发展的良好生态。建设现代信息技术产业体系，不断优化国家网络安全产业园区布局。二是完善人才队伍。完善网信领域人才发展规划，深化网信人才体制机制改革，建立适应网信特点的人才选拔、培养、激励、保障机制。强化党政干部数字经济安全风险意识，要求党政干部掌握数字经济安全风险防范的法律法规，提高党政干部数字经济安全风险防范的领导能力。深化网络安全校企合作，用好网络安全学院建设示范项目，加快网络安全人才基地建设。三是强化资金保障体系。通过以奖代补、贷款贴息、股权投资等方式，支持数字经济领域重大项目建设，引导带动实体经济企业开展数字化转型升级。研究探索政府引导、市场主导、工商资本和金融资本广泛参与的多元化融资渠道，形成政府财政和社会资本互为补充的数字经济投融资体系。四是加快信息安全技术交叉创新。在传统防火墙、入侵检测、杀毒软件等核心软硬件基础之上，加强信息安全技术交叉创新和资源整合，在壮大网络安全产业的过程中，让更多有技术能力、有应用场景的企业和科研院所等参与到数字经济的网络安全建设中，构建一体化的国家网络安全能力体系。

五、深化国际合作，助力国际治理

一是推动完善网络空间国际规则。推动研究制定反映各方利益关切特别是广大发展中国家利益的网络空间国际规则。加强国家间数字生态领域政策协调，积极参与数据安全、数字货币、数字税等国际规则和数字技术标准制定，推动建立更加公正合理的互联网基础资源分配机制，实现网络空间资源共享、责任共担、合作共治。二是打造数字生态合作平台。积极搭建双边、区域和国际合作平台，充分发挥世界互联网大会等主场平台作用，创建良好的营商环境，深化数字贸易、数字技术、数字服务等各领域合作。加强优质文化产品的数字化生产和网络化传播，推动各国、各地区、各民族网上文化交流互鉴。推进“数字丝绸之路”建设，深入拓展“丝路电商”合作，持续推进跨境电子商务综合试验区建设，着力打造开放、互利、共赢的数字生态。三是共享数字化发展成果。加强同新兴市场国家、“一带一路”沿线国家和广大发展中国家在网络基础设施建设、数字经济、网络安全、网络治理等方面的务实合作，打破信息壁垒，消除数字鸿沟，让更多发展中国家和人民共享互联网带来的发展机遇。积极探索数字技术在疫情防控、全球减贫、医疗教育等领域创新应用，推动数字科技协同创新。

后 记

数字经济已经全面走进我们的生产生活，正在日益萌发出巨大创新活力和无限发展空间，代表着经济转型升级的发展方向。2022 年年初，有幸受“塑造数字中国”丛书编委会邀请，承担《走进数字经济》研究撰写工作，深感责任重大、诚惶诚恐，盖因数字经济议题之宏大，而笔者只是数字经济浩瀚海边的渺小拾贝者之一。本书的主要内容，源自笔者参与国家数字经济相关政策规划的一些心得体会，以及对近年来如火如荼数字经济大潮的一些观察思考，从理论、实践、技术三个视角，和广大读者共同走进数字经济、揭开数字经济的神秘面纱。

同时，数字经济总体而言仍然是一个新生事物，其理论框架、发展机理、治理模式等关键问题仍然有待在实践中不断探索优化，还存在一系列全新的治理问题、伦理问题、技术问题、安全问题需要在发展中解决。从这个角度讲，我们还远未走进数字经济。在本书即将付梓之时，仍有意犹未尽之憾、管窥一斑之感。严谨而论，我们只是“走近”数字经济，真正“走进”数字经济仍需要不断探索实践。本书也权当抛砖引玉，为大家提供探索数字经济的草蛇灰线，而伏脉千里的数字经济宏大场景，还有待理论界、产业界共同去探索。

《走进数字经济》是“塑造数字中国”丛书之一。全国人大常委会委员、社会建设委员会副主任委员、中国行政管理学会会长江小涓同志亲自担任丛书总主编，指导确定丛书的编写定位、原则、体例，撰写了丛书序言，对本书的研究撰写给予了悉心指导。中央党校（国家行政学院）公共管理部主任、中国行政体制改革研究会常务副会长王满传同志担任丛书执行主编，多次召集编写人员研究丛书的提纲和写作重点，在审阅书稿中花费了大量心血。国家信息中心董超博士、邹文博博士在数字经济相关理论及概念梳理、政策追踪、新技术发展趋势等方面做了大量工作，参与了相关章节研究起草工作。国家行政学院出版社领导对丛书选题策划、本书框架构想、书稿内容审校的出版全过程给予了细致入微的指导和帮助。在此对上述领导和专家学者一并表示感谢。由于成书时间仓促、作者理论水平有限，本书难免存在疏漏之处，敬请业内大家和广大读者批评指正。

最后，将本书的宗旨归结为三句话：认识数字经济、发展数字经济、拥抱数字经济。